U0744583

导读原典 涵育素养

李本瑜 主编

黄河出版传媒集团
阳光出版社

图书在版编目（CIP）数据

导读原典 涵育素养 / 李本瑜主编. -- 银川 : 阳光出版社，2023.9

ISBN 978-7-5525-7041-0

Ⅰ. ①导… Ⅱ. ①李… Ⅲ. ①中学历史课—高中—教学参考资料 Ⅳ. ①G634.513

中国国家版本馆CIP数据核字（2023）第182578号

导读原典 涵育素养 李本瑜 主编

责任编辑 赵 倩 申 佳
封面设计 圣立文化
责任印制 岳建宁

出 版 人 薛文斌
地 址 宁夏银川市北京东路139号出版大厦（750001）
网 址 http: //www.ygchbs.com
网上书店 http: //shop129132959.taobao.com
电子信箱 yangguangchubanshe@163.com
邮购电话 0951-5014139
经 销 全国新华书店
印刷装订 四川金邦印务有限公司
印刷委托书号 （宁）0027385

开 本 710 mm × 1000 mm 1/16
印 张 13.75
字 数 220千字
版 次 2023年9月第1版
印 次 2023年9月第1次印刷
书 号 ISBN 978-7-5525-7041-0
定 价 68.00元

前 言

近代中国思想家、史学家梁启超在《中国历史研究法》的自序中说："史者何？记述人类社会赓续活动之体相，校其总成绩，求得其因果关系，以为现代人活动之资鉴者也。"

英国学者爱德华·卡尔在《历史是什么？》一书中说："历史是历史学家跟他的事实之间相互作用的连续不断的过程，是现在与过去之间的永无止境的问答交谈。"

历史学又称史学，是社会科学的重要组成部分，是一门研究和阐述人类社会已往运动发展过程的学科。具体讲，历史学是按照一定的历史观点，利用历史资料，研究已往的客观历史过程，并用语言文字或图像把它表示出来的一门学问。

史实、史论、史识是构成史学的三要素。史实即历史事实；史论即对历史事件和历史人物的评论；史识即以科学的史观作指导，来分析大量可靠的史实，然后得出的科学结论。

《普通高中历史课程标准》（2020年修订）强调："学生通过高中历史课程的学习，进一步拓宽历史视野，发展历史思维，提高历史学科核心素养，能够从历史发展的角度理解并认同社会主义核心价值观和中华优秀传统文化，认识并弘扬以爱国主义为核心的民族精神和以改革创新为核心的时代精神，具有广阔的国际视野，树立正确的世界观、人生观、价值观和历史观，为未来的学习、工作与生活打下基础。”同时，说明“学科核心素养是学科育人价值的集中体现，是学生通过学科学习而逐步形成的正确价值观、必备品格和关键能力。历史学科核心素养包括唯物史观、时空观念、史料实证、历史解释、家国情怀五个方面。唯物史观是诸素养得以达成的理论保证；时空观念是诸素养中学科本质的体现；史料实证是诸素养得以达成的必要途径；历史解释是诸素养中对历史思维和表达能力的要求；家国情怀是诸素养中价值追求的目标。通过诸素养的培育，达到立德树人的要求”。

普通高中历史课程的目标是坚持落实立德树人的根本任务。学生通过历史课程的学习，形成历史学科核心素养，得到全面发展、个性发展和持续发展。

通过历史学习，汲取历史智慧，培养学科精神。一是尊重客观历史事实的求真精神；二是探究社会发展规律的理性精神；三是学科方法上的兼容精神；四是品评历史人物的惩恶扬善精神；五是记录人类文化和民族传统的传承精神；六是培植民族凝聚力的聚合精神，帮助人们形成共同的民族意识，培植民族的凝聚力和向心力，培植认同意识和爱国主义传统。

通过历史学习，强化历史意识，培养历史思维能力。历史思维最基本的品质是求真，立论要以史实为证据，有一分材料说一分话；为了求得证据，分析证据是否可靠，就需要具备一系列特殊的思维方式。什么是历史思维能力？简言之，就是依据历史事实，分析历史逻辑，挖掘历史智慧的能力。这既包括分析、概括、比较、评价、归纳等历史学科学习的思维能力，又包括历史的眼光、观念和方法。

通过历史学习，完善学生人格，造就优秀公民。让学生在学习的过程中，拓展视野，开阔胸襟，树立正确的世界观、人生观、价值观和历史观，具有积极的公民意识。

本书通过引导学生阅读一些历史著作，了解一些著名历史学家对史学研究的论述，扩大学生历史学习的领域，加深对历史学科核心素养的理解，进一步培养历史学科思维能力，涵育学生的家国情怀，从而提高学生的综合素质。

本书的编写基于目前高中历史教学发展的需要，从校本研究的角度对历史教学内容进行一些补充。紧紧围绕历史学科核心素养，引导学生进行一些学科阅读。由于我们的能力和见识有限，本书所选内容以及相关解析肯定有许多不完善、不准确的地方，我们寄希望于在以后的实践中不断改进。“苔花如米小，也学牡丹开。”我们的目的只在于抛砖引玉，让学生学习历史的思路更加开阔一些，对历史学科核心素养的理解更加全面一些，让老师们聚焦历史学科核心素养的教学更加明确一些。

历史文化浩如烟海，历史教学任重道远。

我们陪伴学生行走在中学历史教学的道路上，阅读着，思考着，实践着……

目　录

第一章　唯物史观

唯物史观是揭示人类社会历史客观基础及发展规律的科学的历史观和方法论。人类对历史的认识是由表及里、逐渐深化的，要透过历史的纷杂表象认识历史的本质，科学的历史观和方法论非常重要。唯物史观使历史学成为一门科学，只有运用唯物史观的立场、观点和方法，才能对历史有全面、客观的认识。

【课标要求】

要求学生了解唯物史观的基本观点和方法，包括人类社会形态从低级到高级的发展、生产力和生产关系之间的辩证关系、经济基础和上层建筑之间的相互作用、人民群众在社会发展中的重要作用等；理解唯物史观是科学的历史观；能够正确认识人类历史发展的总趋势；能够将唯物史观运用于历史的学习与探究中，并将唯物史观作为认识和解决现实问题的指导思想。

【目标解读】

（1）物质生活的生产方式决定社会生活、政治生活和精神生活的一般过程。

（2）社会存在决定社会意识，社会意识又反作用于社会存在。

（3）生产力与生产关系之间的矛盾、经济基础与上层建筑之间的矛盾，是推动一切社会发展的基本矛盾。

（4）在阶级社会中，社会基本矛盾表现为阶级斗争，阶级斗争是阶级社会发展的直接动力。阶级斗争的最高形式是进行社会革命，夺取国家政权。

（5）社会发展的历史是人民群众实践活动的历史，人民群众是历史的创造者，但人民群众创造历史的活动和作用总是受到一定历史阶段经济、政治和思想文化条件的制约。

一、唯物史观及其基本原理

【原典阅读】

唯物史观是以一定的历史时期的物质经济生活条件来说明一切历史事件和观念，一切政治、哲学和宗教的。

——恩格斯：《论住宅问题》

这种历史观就在于：从直接生活的物质生产出发阐述现实生活的生产过程，把同这种生产方式相联系的、它所产生的交往形式即各个不同阶段上的市民社会理解为整个历史的基础，从市民社会作为国家的活动描述市民社会，同时从市民社会出发阐明意识的所有各种不同的理论产物和形式，如宗教、哲学、道德等，而且追溯他们产生的过程。

——马克思、恩格斯：《德意志意识形态》

唯物主义历史观从下述原理出发：生产以及随生产而来的产品交换是一切社会制度的基础；在每个历史地出现的社会中，产品分配以及和它相伴随的社会之划分为阶级或等级，是由生产什么、怎样生产以及怎样交换产品来决定的。所以，一切社会变迁和政治变革的终极原因，不应当到人们的头脑中，到人们对永恒真理和正义的日益增进的认识中去寻找，而应当到生产方式和交换方式的变更中去寻找；不应当到有关时代的哲学中去寻找，而应当到有关时代的经济中去寻找。

——恩格斯：《社会主义从空想到科学的发展》

马克思发现了人类历史的发展规律，即历来为繁芜丛杂的意识形态所掩盖着的一个简单事实：人们首先必须吃、喝、住、穿，然后才能从事政治、科学、艺术、宗教等。所以，直接的物质的生活资料的生产，从而一个民族或一个时代的一定的经济发展阶段，便构成基础，人们的国家设施、法的观点、艺

术以至宗教观念，就是从这个基础上发展起来的，因而，也必须由这个基础来解释。

——恩格斯：《在马克思墓前的讲话》

【内容解析】

唯物史观，是用唯物主义解释社会历史的哲学理论，是哲学中关于人类社会发展一般规律的理论，是马克思主义哲学的重要组成部分，是科学的社会历史观和认识、改造社会的一般方法论。这种历史观认为，一切重要历史事件的终极原因和伟大动力是社会的经济发展，是生产方式和交换方式的改变。生产活动是人类社会存在和发展的基础，人们在生产活动中形成的生产方式决定着社会的性质和面貌。

人类社会历史发展的总趋势是前进的、上升的，发展过程是曲折的。奴隶社会代替原始社会，封建社会代替奴隶社会，资本主义社会代替封建社会，社会主义社会代替资本主义社会，这是社会历史发展不可逆转的总趋势。

唯物史观强调：社会历史的发展有自身固有的规律性；物质资料的生产方式是社会发展的决定力量；社会存在决定社会意识；社会的发展是由社会基本矛盾，即生产力和生产关系之间的矛盾以及经济基础和上层建筑之间的矛盾推动的；人民群众是历史的创造者。

【拓展阅读】

唯物史观在中国萌芽形态的历史考察（节选）[①]

——纪念马克思逝世一百周年

朱维铮

历史不过是追求着自己目的的人的活动而已。

——马克思、恩格斯《神圣家族》

① 节选自《朱维铮史学史论集》。

（一）

中国人知道马克思，时间大约在19世纪90年代末期，距离马克思逝世已有十六年。

中国人知道马克思的唯物史观，时间则更晚，目前还没有发现1902年以前明白提及这个学说的中文译著。那时距离马克思发现人类历史的发展规律，至少已有半个世纪。

然而，自从马克思的唯物史观被介绍到中国，首先在辛亥革命前的少数先进知识分子中间引起反响，接着在五四运动前后赢得越来越多的革命青年的信从。不过短短十几年，它便奇迹般的胜过了戊戌维新以来在中国竞相传播的各种新道理，变成了救中国必备的思想武器。

原因呢？毛泽东说得好："马克思列宁主义来到中国之所以发生这样大的作用，是因为中国的社会条件有了这种需要，是因为同中国人民革命的实践发生了联系，是因为被中国人民所掌握了。任何思想，如果不和客观的实际的事物相联系，如果没有客观存在的需要，如果不为人民群众所掌握，即使是最好的东西，即使是马克思列宁主义，也是不起作用的，我们是反对历史唯心论的历史唯物论者。"

唯物史观自然属于最好的东西。如恩格斯所准确陈述的："正像达尔文发现有机界的发展规律一样，马克思发现了人类历史的发展规律，即历来为繁茂芜杂的意识形态所掩盖着的一个简单事实：人们首先必须吃、喝、住、穿，然后才能从事政治、科学、艺术、宗教等等；所以，直接的物质的生活资料的生产，因而一个民族或一个时代的一定的经济发展阶段，便构成为基础，人们的国家制度、法的观点、艺术以至宗教观念，就是从这个基础上发展起来的，因而，也必须由这个基础来解释，而不是像过去那样做得相反。"

承认这个简单事实，由这个基础来解释社会历史，就叫作唯物史观。用最简单的语言表述，就是社会存在决定社会意识。作为一种观念形态，唯物史观本身同样属于社会存在的哲学表现，只是更集中、更普遍，因而成为放之四海而皆准的真理。

这样，依照毛泽东的说法，那就必然要提出一个问题：马克思的唯物史观之所以迅即被先进的中国人接受，难道仅仅因为它是一种最好的思想吗？显然不能如此说。就思想论思想，是说不清楚一种“外来”思想怎么会在中国人民心目中扎根的。

众所周知，马克思本人并不是什么“先哲”。例如，唯物史观的一个基本观点，即把自有文字以来的历史看作一系列的阶级斗争，在理论上便至少受到三方面先行者的启发：法国资产阶级史学家梯叶里、米涅、基佐等，发现引起革命的原因在于各个阶级的相互斗争；英国博物学家达尔文的进化论，为阶级斗争理论提供了自然科学基础；而它的哲学前提，则应数到德国唯心主义哲学家黑格尔的辩证历史观。倘要追溯得更远，那就必定要承认普列汉诺夫所肯定的一位意大利哲学家的看法是正确的，这位学者以为古代和近代的不少历史学家都很清楚地懂得阶级斗争的意义，因为他们都亲眼见过一定范围内的阶级斗争。

马克思的唯物史观有自己的理论前提，那是马克思和恩格斯都一再承认的。他们的承认，丝毫无损于马克思发现唯物史观的声誉。相反却使人们了解，他的这一伟大发现，不但是他参加了并且研究了无产阶级革命的成果，还是他批判地吸收了人类精神文化中各种精华的结晶。

朱维铮，中国经学史、中国思想文化史、中国史学史、中西文化交流史和中国近代史等多个领域的著名历史学家。

二、生产力与生产关系

【原典阅读】

生产力当然是始终有用的、具体的劳动的生产力，它事实上只决定有目的的生产活动在一定时间内的效率。

——马克思：《资本论》第一卷

人们在生产中不仅仅影响自然界，而且也相互影响。他们只有以一定的方式共同活动和相互交换其活动，才能进行其生产。为了进行生产，人们相互之间便发生一定的联系和关系；只有在这些社会联系和社会关系的范围内，才会有他们对自然界的影响，才会有生产。……因此，各个人借以进行生产的社会关系，即社会生产关系，是随着物质生产资料、生产力变化的和发展而变化和改变的。生产关系总和起来就构成所谓社会关系，构成所谓社会，并且是构成一个处于一定历史发展阶段上的社会，具有独特的特征的社会。

——马克思：《雇佣劳动和资本》

无论哪一个社会形态，在它所能容纳的全部生产力发挥出来以前，是绝不会灭亡的；而新的更高的生产关系，在它的物质存在条件在旧社会的胞胎里成熟出来以前，是绝不会出现的。……资产阶级的生产关系是社会生产过程的最后一个对抗形式，这里所说的对抗，不是指个人的对抗，而是指从个人的社会生活条件中生长出来的对抗；但是在资产阶级社会的胞胎里发展的生产力，同时又创造着解决这种对抗的物质条件。因此，人类社会的史前时期就以这种社会形态而告终。

——马克思：《政治经济学批判》序言

【内容解析】

在生产方式中，生产力是最革命、最活跃的因素。生产力的状况决定生产力的性质。生产力的变化、发展，迟早会引起生产关系的变革。生产关系对生产力具有反作用。当生产关系适合生产力发展状况时，它对生产力的发展起推动作用；当生产关系不适合生产力发展状况时，它对生产力的发展起阻碍作用。

生产力和生产关系的相互作用及其矛盾运动，表明了生产力和生产关系之间内在的、本质的、必然的联系，这就是生产关系一定要适合生产力状况的规律。

三、经济基础与上层建筑

【原典阅读】

生产关系的总和构成社会的经济结构，即有法律的和政治的上层建筑竖立其上并有一定的社会意识形式与之相适应的现实基础。

——马克思：《政治经济学批判》序言

每一历史时代的经济生产以及必然由此产生的社会结构，是该时代政治的和精神的历史的基础。

——恩格斯：《共产党宣言》序言（德文版）

应该从经济关系及其发展中来解释政治及其历史，而不是相反。

——恩格斯：《关于共产主义者同盟的历史》

政治、法、哲学、宗教、文学、艺术等的发展是以经济发展为基础的。但是，他们又都互相作用并对经济基础发生作用。

——恩格斯：《恩格斯致瓦尔特·博尔吉乌斯》

【内容解析】

生产关系的总和构成社会的经济基础。经济基础决定社会的政治、法律制度和设施，决定社会的各种思想观点和社会意识形态，即经济基础决定上层建筑。上层建筑对经济基础具有反作用。当上层建筑适合经济基础状况时，它促进经济基础的巩固和完善；当它不适合经济基础状况时，会阻碍经济基础的发展和变革。当上层建筑为先进的经济基础服务时，它就促进生产力的发展，推动社会进步；当它为落后的经济基础服务时，则束缚生产力的发展，阻碍社会前进。

经济基础和上层建筑的相互作用及其矛盾运动，体现了两者之间的内在的、本质的、必然的联系，这就是上层建筑一定要适合经济基础状况的规律。

生产力和生产关系的矛盾，经济基础和上层建筑的矛盾，是贯穿人类社会始终的基本矛盾。生产关系一定要适应生产力状况的规律，上层建筑一定要适合经济基础状况的规律，是在任何社会中都起作用的普遍规律。这一规律的发现，使关于社会历史的理论第一次真正成为科学。

社会历史发展的总趋势是前进的、上升的，发展的过程是曲折的。社会发展是在生产力和生产关系、经济基础和上层建筑的矛盾运动中，在社会基本矛盾的不断解决中实现的。

四、社会存在与社会意识

【原典阅读】

意识在任何时候都只能是被意识到了的存在，而人们的存在就是他们的现实生活过程。

——马克思、恩格斯：《德意志意识形态》

物质生活的生产方式制约着整个社会生活、政治生活和精神生活的过程。不是人们的意识决定人们的存在，相反，是人们的社会存在决定人们的意识。

——马克思：《政治经济学批判》序言

在阶级社会中，每一个人都在一定的阶级地位中生活，各种思想无不打上阶级的烙印。

——毛泽东：《实践论》

批判的武器当然不能代替武器的批判，物质力量只能用物质力量来摧毁；但是理论一经群众掌握，也会变成物质力量。

——马克思：《黑格尔法哲学批判》导言

物质存在方式虽然是始因，但是这并不排斥思想领域也反过来对物质存在方式起作用。

——恩格斯：《恩格斯致康拉德·施米特》

【内容解析】

人类的社会生活，包括社会的物质生活和社会的精神生活。社会存在是指社会生活的物质方面，它的最主要的内容是物质生活资料生产方式。社会意识是指社会生活的精神方面，是人类社会中各种精神生活现象的总称，主要包括政治思想、法律思想、道德、科学、艺术、宗教、哲学等各种不同的社会意识形式。

历史唯物主义认为，社会存在决定社会意识，社会意识具有相对的独立性，对社会存在具有能动的反作用。落后的社会意识对社会的发展起阻碍作用，先进的社会意识可以预见社会发展的方向和趋势，对社会的发展起积极的推动作用。

在方法论上，要树立实践第一的思想，在分析社会现象时，要尊重社会实际，坚持一切从实际出发、实事求是；同时要确立先进的正确的社会意识，树立正确的价值观，反对落后的消极的社会意识，重视社会主义精神文明建设。

五、人民群众是历史的创造者

【原典阅读】

历史活动是群众的活动，随着历史活动的深入，必将是群众队伍的扩大。

——马克思、恩格斯：《神圣家族，或对批判的批判所做的批判》

人民，只有人民，才是创造世界历史的动力。

——毛泽东：《论联合政府》

群众是我们力量的源泉，群众路线和群众观点是我们的传家宝。

——邓小平：《贯彻调整方针，保证安定团结》

【内容解析】

人是社会历史的主体。唯物史观强调社会历史首先是物质生产发展的历史，是人民群众创造的历史。人民群众是指一切对社会历史发展起推动作用的人。人民群众是历史的创造者，是社会历史发展的主体。

人民群众是社会物质财富的创造者。广大劳动群众作为物质生产的承担者和社会生产力的体现者，创造了人们生活必需的资料。人们的生产活动是社会存在和发展的基础。从事物质资料生产、推动物质生产发展的人民群众，是推动社会历史发展的决定力量。

人民群众是社会精神财富的创造者。人名群众的生活和实践是一切精神财富形成和发展的源泉。人民群众的实践为精神财富的创造提供了必要的物质条件，人民群众还直接创造了丰硕的社会精神财富。

人民群众是推动社会变革的决定力量。人民群众在任何时期都是社会变革的主要力量，社会生产关系变革、社会制度的更迭，都是通过人民群众的努力实现的。人民群众通过推动社会生产力的发展而不断创造和改变社会关系，从而不断推动社会历史的进步与发展。

我们要肯定人民群众的历史地位和作用，树立群众观点，相信人民群众自己解放自己。

坚持群众路线，一切为了群众，一切依靠群众，从群众中来，到群众中去。相信群众，同群众实践相结合，为人民群众的利益而奋斗。

六、正确运用阶级分析法

【原典阅读】

至今一切社会的历史都是阶级斗争的历史。

——马克思、恩格斯：《共产党宣言》

在我以前很久，资产阶级历史编纂学家就已经叙述过阶级斗争的历史发展，资产阶级的经济学家也已经对各个阶级作过经济上的分析。我所加上的新内容就是证明了以下几点：（1）阶级的存在仅仅同生产发展的一定历史阶段相联系；（2）阶级斗争必然导致无产阶级专政；（3）这个专政不过是达到消灭一切阶级和进入无产阶级社会的过渡……

——马克思：《致约瑟夫·魏德迈》

【内容解析】

在阶级社会中，社会基本矛盾的解决主要是通过阶级斗争实现的，阶级斗争是推动阶级社会发展的直接动力。被剥削阶级反对剥削阶级的阶级斗争，迫使统治阶级不得不调整某些经济和政治关系，使社会基本矛盾得到一定程度的缓和，从而或多或少地推动生产力的发展和社会的进步。当旧的生产关系严重阻碍生产力时，只有通过先进阶级反对反动阶级的革命，才能推翻反动阶级的统治，建立新的生产关系，解放生产力，推动社会发展。

运用马克思主义关于阶级和阶级斗争的观点，观察和分析社会历史现象的方法，就是阶级分析方法。阶级分析方法是唯物辩证法的矛盾观点和矛盾分析方法在阶级社会中的具体运用，是我们认识和把握阶级社会各种现象的基本方法。

【拓展阅读】

唯物史观对中国史学的十个方面影响

牛润珍

历史观对历史学的发展可以产生非常重要的影响。20世纪中国历史学的两次根本性变革，即由传统史学到近代史学，又由近代史学到马克思主义史学，两次变革背后的根本原因在于社会转型中对于不同历史观的选择。清末民初，列强环伺，弱肉强食，仁人志士欲通过改良与革命自救图存，以进化论为思想武器，批判旧史学，建设新史学。五四运动以后，新史学建设融贯近代科学的精神与方法，整理国故，探求新知，建立了中国在国际汉学研究方面的中心地位。新史学的民族主义特点愈益彰显，中国的近代史学逐步形成。

1917年俄国“十月革命”成功，李大钊、瞿秋白、蔡和森、毛泽东等先哲从俄国革命中看到了中国的希望。他们总结、借鉴俄国的经验，研究、传播马克思主义，把马克思主义理论与中国实际结合起来，探讨中国革命的道路。要找到中国的出路，必须充分认识中国的历史和中国的社会，明确中国革命的性质。在这样的社会背景下，李大钊、郭沫若、吕振羽等马克思主义史学先驱尝试用唯物史观作指导，研究、阐释中国社会历史及其有关问题，从而产生了中国的马克思主义史学。特别是20世纪二三十年代，思想界关于中国社会性质和社会史的论战，促进了中国的马克思主义古史研究，使马克思主义史学获得了一个绝好的发展机遇。

1937年“七七事变”，全民抗战，思想界关于社会性质与社会史的论战被打断。中华民族面对生死存亡，救亡图存成为近代史学与马克思主义史学共同的课题。史学家以抗战、爱国相号召，开展学术研究，构建中华民族的抗敌精神。特别是到了抗战后期，在民族、民主的精神与旗帜下，新史学和近代史学逐渐融入马克思主义史学。新中国成立后，执政的中国共产党以马克思列宁主义为指导思想和理论基础。马克思主义借助国家政治的力量，全面主导上层建筑与意识形态，马克思主义唯物史观成为中国史学的理论旗帜，引导着中国史学的走向，近代史学也因此完成了向马克思主义史学的转变。

唯物史观自20世纪二三十年代起，浸润了三四代历史学家，铸就了中国马克思主义史学的思想和灵魂，对20世纪中国历史学的发展产生了极为重要的影响。其影响可归纳为十个方面。

一、奠立了中国马克思主义史学理论基础

历史研究与史书编纂都是依据一定的史观和思想理论进行的。孔子修《春秋》，一字定褒贬，其善恶标准是礼。礼即《春秋》大义。《左传》《史记》《汉书》《通典》《资治通鉴》等，其编撰成书都包含着丰富的思想与理论。传统史学理论的主旨是经学，故清代章学诚曰"六经皆史"。戴震提出"由训诂通义理"。张之洞说"由小学而经学，则经学可信；由经学而史学，则史学可信"，旨在通过基础研究发现可信的义理，又由义理以通历史观察与思考，说到底是一种历史观的寻求。梁启超由今文经学"公羊三世说"到进化论，以后又从进化论跳出，寻求历史变化的相互关系，实际上也是在寻找可信的历史观。唯物史观正是在民初中国社会变革中，传统史观与进化史观难以帮助人们认清社会历史变化的情况下，被具有先进思想的中国学者所认识并接受。唯物史观是关于整个社会运动规律的科学，它从哲学的角度为中国学者提供了一个认识人类社会历史发展变化的世界观。世界是物质的，物质是变化的，且又相互联系，社会历史也是如此。社会历史的变化是有规律的，由低到高呈现出不同的社会形态。在此理论基础上，又衍生出历史是什么、谁是历史的创造者、历史动力、历史规律、历史认识论以及史学功用等一系列史学基本理论问题。对这些问题的思考与讨论都是在唯物史观指导下进行的，并由此构建了中国马克思主义史学理论基础。

二、批判与总结中国的传统史学

马克思主义史学家运用唯物史观，在批判与总结传统史学的基础上，撰出大批史学新著。通史有范文澜《中国通史简编》、吕振羽《简明中国通史》、郭沫若《中国史稿》、翦伯赞《中国史纲》以及白寿彝总主编《中国通史》二十册等；断代史则有翦伯赞《秦汉史》、王仲荦《魏晋南北朝史》等；还有大量专门史、专题史，以及史学史、史学概论、史学方法论等方面的成果。唯物史观还被引入古代史籍的校勘与整理，"二十四史"、《资治通鉴》《清史稿》的校点，《册府元龟》等书的重印，都是在古为今用、批判地继承的口号下得以重新问世。特别是每部史籍前的"编辑说明"，都富有那个时代的特点与意义，很值得注意、总结和思考。

三、改造清末民国以来的"新史学"

"新史学"有两大流派：一是以梁启超、何炳松、蒙文通为代表，由对传统史学的批判与总结，建设新史学；二是以王国维、陈垣、陈寅恪为代表，通过实证建设新史学。两大主流派别在抗战时期汇入新民族主义史学，后又与马克思主义史学融合，这是"新史学"自身的变化。20世纪50年代初中国知识分子思想改造运动，绝大多数史学家接受马克思主义，自觉转变思想与立场，用唯物史观指导学术研究，陈垣、柳诒徵、蒙文通、顾颉刚、郑天挺、吕思勉、徐中舒、蔡尚思、唐长儒等著名史家纷纷转向马克思主义史学的道路。较为典型者是蒙文通，他是民国"新史学"的健将，一直致力于学术史研究。新中国成立之后，他尝试用唯物史观论证、解释学术史的发展变化，撰成《中国历代农产量的扩大和赋役制度及学术思想的演变》一文，归纳出晚周以来学术思想四大变局与"农业生产力发展四阶段、赋役制度演变四阶段密切符合"，认为学术发展的根本原因在于社会生产力提高、粮食产量增加、赋役减轻，越来越多的人温饱有余、努力读书，才使得学术思想不断进步。学习与改造，使"新史学"完全融入马克思主义史学。

四、完成了历史科学化的进程

清代"朴学"已含有近代科学精神，但由于受传统束缚太深，思想不自由，并不能使史学走向科学。民国时期，傅斯年等学人虽致力于把史学建设成一门科学，但其专事史料整理而不顾及史学本身所固有的"经世"宗旨，所以终不能成功。清代和民国的一些学者在历史科学化方面的尝试虽然失败了，但他们的成果为马克思主义史学家运用唯物史观将历史科学化作了重要铺垫。唯物史观探究社会运动，总结社会历史发展规律，鉴古知来，顺应历史大势，赋予史学以科学意义与现代价值，这在20世纪30年代的社会史论战中已经展现出来。1930年郭沫若的《中国古代社会研究》问世，标志着中国历史学已经迈入科学化的进程，以后又经20世纪五六十年代，特别是改革开放，几代历史学家辛勤耕耘、不断开拓，研究、讨论、思考、论证，学术成果涵盖自然、社会与思想的方方面面，基本形成了中国历史学的学术体系。白寿彝总主编的大型多卷本《中国通史》被视为“20世纪的压轴之作”，受到江泽民同志高度赞扬。这部书是中国马克思主义史学通史著作的典型代表，也是历史科学化进程的一个里程碑，标志着这一进程的初步完成。尽管还会有学者对历史是科学还是艺术这一问题作出新的思考，但有益于历史科学化的完善与缜密，因为任何一门科学都包含着艺术。

五、深化中国社会发展规律的认识

从司马迁撰《史记》，通古今之变，到清末康有为、梁启超借“公羊三世说”解释中国历史进程，都没有脱开传统史学“治乱兴衰”的思维模式。20世纪20年代以后，唯物史观为中国学人开启了新思维、新视野，认识到中国社会历史的发展是有规律可循的。早期的马克思主义史学家尝试用马克思的“五种社会形态”观察中国的全部历史，由此引发出关于历史分期的讨论。这一问题的讨论历时半个多世纪，虽没有形成完全一致的意见，但基本上达到了共识，即中国社会历史的发展符合马克思的总结：先后经历了原始社会、奴隶社会、封建社会、半殖民地半封建社会，新中国成立后步入社会主义社会。几乎所有的历史教科书都是依据的这样的认识编写的，且已成为学术界及社会的主流看法。

六、产生了史学论争的“五朵金花”

“五朵金花”即20世纪五六十年代学术思想界围绕着五个重大史学理论与学术问题所展开的大讨论。五个问题包括中国古代史分期、中国封建社会长期延续、中国资本主义萌芽、中国农民战争和中国封建社会土地所有制问题。这些论题或沿承20世纪二三十年代社会史论战，或为新提出的命题，都是构建中国马克思主义史学体系所必须回答的问题，并不是有人所说的“假问题”“伪问题”。至于讨论中受极端政治的干扰则另当别论，然命题本身并不存在问题，因为建设完善的中国马克思主义史学体系绕不开这些问题。这场讨论产生了一大批史学名家，如宁可、林甘泉、孙祚民、李文海、何芳川等。拓展出诸多研究领域，如魏晋南北朝史、明清史、经济史等。又缘于这场讨论而撰成的史学名著也不在少数，如尚钺《中国历史纲要》、王仲荦《魏晋南北朝史》、何兹全《中国古代社会》、胡如雷《中国封建社会形态研究》等。

七、史料的整理与新材料的运用

20世纪初，甲骨金文、敦煌文书、汉晋简牍、明清档案等新材料的发现，推动了近代史学的发展。郭沫若运用唯物史观研究中国古代社会，深刻感受到材料支持的重要性，于是不得不下大气力整理金文，撰成《两周金文辞大系图录考释》《殷周青铜器铭文研究》，之后又主持编成《甲骨文合集》。吕振羽撰《史前期中国社会研究》，大量征引仰韶文化、龙山文化等新考古资料，推证中国原始社会状况。20世纪50年代初，郭沫若又利用安阳殷墟墓葬发掘材料，说明殷代是奴隶社会。研究中国社会历史必须有翔实的资料基础。因此，新中国成立后，尤其是改革开放后，对甲骨、金文、简牍、敦煌文书、明清档案、石刻以及大量的近现代史资料都作了系统整理，如《近代史资料丛刊》所包括的《太平天国史料》《义和团运动史料》《辛亥革命史料》等。史料整理与新材料的运用都是在唯物史观的指导下进行的。

八、旧方法的借鉴与新方法的引进

传统的考据方法多在某一具体问题之下尽可能地将相关资料凑齐，分类梳理，归纳出一个看法，并进一步找出同类问题的通例。这样的方法虽不适合宏大或抽象问题的观察与研究，但其归纳类例的思路是值得借鉴的。因为它与唯物史观所主张的总结规律在方向上有一致的地方。但唯物史观强调具体问题具体解决，因而对研究方法的要求多种多样，同时更重视综合的运用与整体的考虑，不仅注意旧方法的借鉴，而且重视新方法的引进，包括自然科学研究方法的借鉴与运用。唯物史观引发了史学研究方法上的革命，特别是改革开放破除了单一的阶级分析法之后，各种方法引介、试验，促进了中国史学事业的繁荣。

九、史学自身的总结与认识的深化

梁启超“新史学”是在总结中国史学两千多年的发展基础上提出的。同样，马克思主义史学的建立也需要以史学自身的总结为基础。但在唯物史观影响下的史学总结并不同于“新史学”，它是将中国史学置于世界范围内进行考察，总结以往的一切研究成果，在总结中寻找、归纳并阐明中国史学的发展规律，进而引导史学的发展。由于这样的认识，自20世纪60年代以来，尤其是改革开放以来，史学史的研究越来越受到重视，白寿彝、吴泽、杨翼骧、尹达等著名史学家教书育人、著书立说，不仅培养出一代又一代的专门人才，而且取得了丰硕的学术成果。史学自身的总结不仅形成了自成体系的学科，即史学理论及史学史专业，而且深化了人们对历史与现实社会的认识。

十、历史研究新思维模式的建立

《易》曰："穷则变，变则通。"古人讲变易，认识到殷周之际、春秋战国之际的变化，但多就变化的现象进行归纳。司马迁提出"三五之变"，三十年小变，五百年大变；或曰之为一治一乱；或称之为分、合相替。论学术也多就学术论学术，习惯于"以史证经""经史互证""以字证经""以经证字"，由此又衍生出"史诗互证"。唯物史观主张透过现象看本质，寻找历史变化背后的根本原因，强调生产工具、生产力、经济基础对于社会发展的作用，为学人思考历史兴衰变化开启了一条新思路。同样，它将学术与社会经济打通，引导学者思考某一特定时代的学术，其背后的社会生产力状况、经济发展水平如何，人们思想认识的程度如何，社会的变迁、转型与史学的发展变化有什么样的关系，学人参与社会与他们对于历史的认识又有什么样的影响，在事物的相互关系和变动中，寻找事物变化的直接与间接原因、根本与终极原因，由因及果，获取对历史发展变化的正确认识。唯物史观不仅为历史研究构建了新的思维模式，同时也为历史学科开启了一条科学化的道路。

唯物史观对20世纪中国史学研究起到了重要的指导作用，其影响也是决定性的，由此形成了20世纪，特别是后半叶史学思潮的主流，引领着中国史学的发展道路与方向。

牛润珍（1954—　），河北省成安县人，中国人民大学历史学院教授、博士生导师，主要从事隋唐史及民国学术史研究。

本章自主学习检测

【习题示例】

1. 社会存在决定社会意识

【示例1】1836年，俄国著名戏剧家果戈理发表剧作《钦差大臣》，描写的是一名小官吏路过某偏僻小城，当地人们误把他当作钦差大臣而竞相巴结、行贿。该作品（　）

A. 抨击了资本主义政治腐败

B. 揭露了专制体制的腐朽

C. 体现了浪漫主义文学风格

D. 讽刺了拜金主义的风气

解析：由材料"1836年"可知当时俄国为沙皇专制统治时期，故A项错误；由材料"小官吏路过某偏僻小城，当地人们误把他当作钦差大臣而竞相巴结、行贿"可知为现实主义文学，揭露沙皇专制和农奴制下的黑暗，故B项正确；浪漫主义文学产生于18世纪末至19世纪30年代的西欧，因对理性王国的失望，故寄希望于未来，故C项错误；拜金主义强调以金钱为崇拜对象，由材料"误把他当作钦差大臣"可知崇拜的是权力而非金钱，故D项错误。

答案：B

2. 生产力决定生产关系，经济基础决定社会上层建筑

【示例2】1956年，刘少奇在中共八大政治报告中指出："我们目前在国家工作中的迫切任务之一，是着手系统地制定比较完备的法律，健全我们国家的法制。"这反映了当时（　）

A. 法制建设开始迈向制度化

B. 法制工作围绕组建新政权展开

C. 法制建设与国内主要矛盾的变化密切相关

D. 政治体制改革推动了依法治国的全面实行

解析：法制建设开始迈向制度化出现在中共十一届三中全会后，不符合时

间限制，故A项错误；1949年组建新政权的任务已经完成，不符合时间限制，故B项错误；1956年随着三大改造的完成，社会主义制度在中国确立，国内主要矛盾转变为先进社会制度与落后生产力的矛盾，材料中法制建设的提出，说明法制建设与国内主要矛盾的变化密切相关，故C项正确；中共十一届三中全会后，依法治国才全面实行，材料与政治体制改革无关，故D项错误。

答案：C

3. 生产力是推动社会发展的根本动力

【示例3】近代的机器与其说是需要的结果，不如说是被迫无奈时有意的发明产物。因为棉布紧俏发明了新式纺纱机和织布机，因为机械动力不足而改良了蒸汽机。这表明，工业革命时期的技术革新（　）

A. 源于人们生活中的无意发现

B. 着力解决生产中的迫切问题

C. 推动垄断组织的产生与发展

D. 体现科学与技术的密切结合

解析：无意发现与材料中“有意的发明产物”不符，故A项错误；着力解决生产中的迫切问题与材料中“因为棉布紧俏发明了新式纺纱机和织布机，因为机械动力不足而改良了蒸汽机”相符，故B项正确；垄断组织产生于第二次工业革命，与材料中第一次工业革命“发明了新式纺纱机和织布机”“改良了蒸汽机”不符，故C项错误；第二次工业革命时期科学与技术密切结合，而材料中反映的是第一次工业革命，故D项错误。

答案：B

4. 社会发展的历史是人民群众实践活动的历史

【示例4】1935年，有学者发表文章说，“中华民族是整个的……是历史的事实，更是现在的事实。然而这些天里，平津一带‘空穴来风’，有所谓自治运动……在平津者有教育界（宣言见上星期日《大公报》），其他各界虽未宣言，居心无二。这个宣言，初签名者数十人，到了第二天，已有千人，这才是民意的负责表示。宣言中指明这是破坏国家领土完整的阴谋”。上述言论的背景是（　）

A. 国共两党开始合作抗日

B. 日本制造卢沟桥事变，开始全面侵华

C. 中日民族矛盾上升，抗日救亡扩展为群众运动

D. 工、农、兵、学、商各界形成全民族抗战的浪潮

解析：A项出现在1936年西安事变和平解决后，不符合时间限制，故A项错误；B项开始于1937年，不符合时间限制，故B项错误；1935年华北事变后，中日民族矛盾上升为中国社会的主要矛盾，材料中抗日救亡扩展为群众运动，故C项正确；材料没有反映出群众运动参与者的身份，故D项错误。

答案：C

5. 社会现象存在相互影响的辩证关系

【示例5】1903年，上海一些新式学堂学生剪发辫，江浙许多城市青年加以效仿，他们在发辫四围留短发，覆于额头，与道教人物刘海蟾的发式相似，故得名“前刘海”。“前刘海”并没有剪掉发辫，官府仍视为大害，严令禁止。这表明当时江浙地区（　）

A. 道教的地位被否认

B. 扫除封建陋习成为潮流

C. 官府反对政治革新

D. 革命思潮影响社会习俗

解析：材料中官府否定的发式只是“与道教人物刘海蟾的发式相似”，可得出与道教的地位被否认无关，故A项错误；材料只反映出“新式学堂学生”“城市青年”发式的变化，并不能代表社会潮流，故B项错误；材料中官府反对的是“在发辫四围留短发，覆于额头”这一发式的变化，与反对政治革新无关，故C项错误；1903年随着革命思潮的发展，发式的变化被赋予政治意义，带来“新式学堂学生”“城市青年”发式的变化，故D项正确。

答案：D

【习题快练】

1. （2019年全国I卷，29）1915—1918年，《新青年》中“革命”“科学”“平等”“民主”等词出现频次大体相同；1919—1922年，“民主”出现

次数不到“科学”的1/10，不及“革命”的1/20。这种变化可说明（ ）

A. 新文化运动主流思想发生转变

B. 国民革命运动受到民众普遍拥护

C. 资本主义政体模式被知识界否定

D. 中国社会主要矛盾发生改变

2. （2019年全国I卷，33）有研究认为，美国独立后不到半个世纪，拉丁美洲经过独立战争，推翻了殖民统治，但拉美国家并没有像近邻美国那样独立后进入现代化的快车道，而是发展停滞，究其原因，殖民统治难辞其咎。“难辞其咎”主要是指殖民者在拉丁美洲（ ）

A. 奴役掠夺土著居民

B. 建立的殖民统治最早

C. 进行了大量的移民

D. 移植了本国生产方式

3. （2019年全国I卷，35）第一次世界大战期间，一些青年艺术家在瑞士组成艺术群体“达达派”。他们用纸片、抹布、电车票、火柴盒等进行创作，甚至把瓷质的小便器命名为“喷泉”，搬上展览会。这类作品（ ）

A. 抒发了浪漫情怀

B. 遵循了写实原则

C. 突出了理性思维

D. 表达了幻灭反叛

4. （2019年全国II卷，25）西汉初期，道家学说兼采阴阳、儒、墨、名、法各家学说的精髓；后来董仲舒的儒家学说也吸收阴阳五行、法、道等各种思想。促成当时学术思想上呈现出这种特征的主要因素是（ ）

A. 王国势力强大

B. 百家争鸣局面的延续

C. 现实统治需要

D. 兼收并蓄的文化政策

5. （2019年全国II卷，27）研究表明，明代大商人的资本一般为白银数十万两，多者上百万两。到清代中期，大商人的资本一般在一百万两以上，甚

至多达千万两。这表明清代中期（　）

A. 商人的地位发生根本性改变

B. 重农抑商政策明显松弛

C. 商业活动的规模进一步扩大

D. 白银开始成为流通货币

6. （2019年全国II卷，30）1948年10月底，中共中央要求各地通过党校、军校以及其他方式对干部进行培训，在条件可能的情况下开办正规大学，尽快使干部熟悉政治、经济、文化各方面的管理和技术。这一做法的目的是（　）

A. 推动土地改革进一步深入

B. 为工作重心的转移做准备

C. 重视科学和文化以推进工业化建设

D. 提高执政能力以发展社会主义生产

7. （2019年全国III卷，31）下图是1953年创作的年画《数他劳动强》。该作品（　）

A. 继承了中国传统文人画作的基本风格

B. 描绘了农民参与社会主义生产的场景

C. 体现了“双百”方针提倡的创作精神

D. 倡导了适应国家建设需要的社会新风

8. （2019年海南卷，4）“天子亲耕”缘于《周礼》，明朝在北京永定门内天坛之西建先农坛，作为皇帝祭祀农神和参与耕作的礼仪场所。清朝从顺治帝开始，直至清末，各代皇帝奉礼如常，这反映出清朝（　）

A. 与明朝在制度上一脉相承　　B. 承袭了农耕文明的传统

B. 满洲贵族迅速成为农耕者　　D. 刻意笼络反清政治势力

9.（2019年海南卷，13）1988年，来自全国各地的人才涌向海南，仅半年时间到海南求职的人数竟高达20万，形成中国当代史上极为壮观的人才流动大潮。造成这一现象的主要原因是（　）

A. 自由贸易区在海南落地　　B. 海南经济发展成绩显著

C. 中国加快对外开放步伐　　D. 国有企业改革全面铺开

10.（2019年江苏卷，5）有学者认为，“传统上人们对贫穷抱有道德中立的认知”，但明朝晚期，“人们越来越怀疑贫穷是短视和懒惰的结果”。这种现象出现的主要原因是（　）

A. 新兴资产阶级追求财富和物质享受

B. 商品经济发展导致社会价值观变化

C. 贫富分化和道德沦丧现象日益严重

D. 反正统思想成为当时社会主流思想

11.（2010年广东省高考）在历史发展的进程中，社会群体的兴衰与政治、经济和文化的变迁密切相关。结合所学知识，回答下列问题。

（1）市民群体在宋代有较大发展，主要原因是什么？结合史实，简述市民群体的发展对宋代文学艺术的影响。

（2）近代中国留学生群体产生于洋务运动时期。早期的留学生主要前往欧美，20世纪初兴起留日热潮。为何日本此时成为中国人留学的主要目的地？

（3）近代中国工人群体产生于19世纪中期。五四运动时期中国工人阶级为何能作为独立的政治力量登上历史舞台？20世纪50年代中国工人地位大幅提高的历史背景是什么？

（4）中国“农民工”群体在1978年后迅速扩大，主要原因是什么？

11.（2010年广东省高考）阅读下列材料，回答问题。

材料一　17、18世纪，英国的纺织业靠着差不多100%关税的保护，避免了廉价的印度纺织品的进口冲击。直到成为全世界生产效率最高的国家，英国才拆掉这些壁垒。即使在19世纪末自由贸易的鼎盛期，印度作为英国殖民地，仍然是自由贸易的禁区，多种工业品的市场基本上只准英国人插足。

（1）根据材料和所学的知识，判断在英国是“自由贸易成就了工业革命”还是“工业革命成就了自由贸易”，并说明理由。

12.阅读材料，完成下列要求。

时间	现象
公元前6—公元前4世纪	公民、海外贸易、美德、选举、津贴、仁义、土地私有、中央集权、私学
10—12世纪	夜市、瓦肆勾栏、市民、南戏，科举制、参知政事
14—18世纪	章回小说、工商皆本、雇佣关系、白银、内阁、经世致用

围绕材料，结合古代史的史实，自拟论题，并就所拟论题进行阐述（要求：明确写出论题，阐述须史论结合）。

第二章　时空观念

时空观念是在特定的时间联系和空间联系中对事物进行观察、分析的意识和思维方式。

任何历史事物都是在特定的、具体的时间和空间条件下发生的，只有在特定的时空框架当中，才可能对史事有准确的理解。

【课标要求】

要求学生知道特定的史事是与特定的时间和空间相联系的；知道划分历史时间与空间的多种方式，并能够运用这些方式叙述过去；能够按照时间顺序和空间要素，建构历史事件、历史人物、历史现象之间的相互关联；能够在不同的时空框架下对史事作出合理解释；在认识现实社会时，能够将认识的对象置于具体的时空条件下进行考察。

一、关于历史时间

1. 重视历史分期

【原典阅读】

凡研治“依据时间以为变迁”之学科，无不分期别世，以御纷繁，地质史有“世纪”“期”“代”之判，人类进化史有“石世”“铜世”“铁世”“电世”之殊，若此类者，皆执一事以为标准，为之判别年代，一则察其递变之迹，然后得其概括；一则振其纲领之具，然后便于学者。通常所谓历史者，不限一端，而以政治变迁，社会递嬗为主体。试为之解，则人类精神之动作，现于时间，出于记载，为历史。寻其因果，考其年世，即其时日之推移，审其升沉之概要，为历史之学。历史学之所有事，原非一端，要以分期，为之基本。置分期于不言，则史事杂陈，樊然淆乱，无术以得其简约，疏其世代，不得谓为历史学也。世有以历史分期为无当者，谓时日转移，无迹可求，必于其间，斫为数段，纯是造作。不知变迁之迹，期年记之则不足，奕世计之则有余。取其大齐，以判其世，即其间转移历史之大事，以为变迁之界，於情甚合，于学甚便也。

——傅斯年：《中国历史分期之研究》

【内容解析】

历史分期是通过划分历史时期研究史学的一种方法，旨在揭示不同历史时期或阶段之间的质的差异，从中发现历史发展的特点和规律。再根据不同的标准，比如用生产力、经济形态或者社会形态来划分历史时期，归纳总结出历史发展的内在规律等。

了解历史分期及其标准，有利于我们把握历史发展的脉络，厘清知识线索，构建知识体系，总结发展规律。

2. 把握历史时间

【原典阅读】

我们已经说过，历史学是“关于人的科学”，但这个说法仍然太笼统。应该补充说是“关于时间中的人”的科学。历史学家不能只考虑“人”。人的思想所赖以存在的环境自然是个有时间范围的范畴。

当然，人们很难想象哪门科学可以撇开时间。不过，对很多科学而言，时间一般是人为划分的同质的片段，它几乎只是个尺度。但是，历史中的时间是个具体鲜活且不可逆转的事实，它就是孕育历史现象的原生质，是理解这些现象的场域。对原子物理来说，一个放射体变为其他物体所需要的秒、年和世纪的数字是一个基本数据。某种巨变的完成需要千年还是在旦夕之间，抑或尚未完成，这样的问题无疑让地质学家感兴趣。因为从某种意义上说，地质学也是具有历史性质的学科，但物理学家不太会考虑这样的问题。相反，没有任何历史学家会满足于证实恺撒花了八年时间征服高卢，或者证实路德用了十五年从正统派见习修士转变为宗教改革家。对他来说，更为重要的是确定征服高卢在欧洲社会变迁的时序中的准确位置；在不否定马丁·路德修士的灵魂危机可能具有持久意义的前提下，历史学家只有准确地确定这场危机对命运轨迹的影响——这种命运不仅是主人公的个人命运，而且作为个人命运之气候条件的文明的命运——才可能对危机作出恰当的解释。

然而，真正的时间本质上是连续的。但它也处于永恒的变动中。这两种特质之间的对立关系催生了历史研究中的重大问题。这些问题首先质疑的甚至是我们工作的存在理由。假设各时代的不间断的时间被分成两个前后相继的阶段。这两个阶段之间的时光之流建立起的联系是否能压倒时间中产生的差异？我们在哪种程度上可以认为最古老的知识对最切近的思想究竟是必须的还是多余的呢？

——马克·布洛克：《历史学家的技艺》

对历史学家来说，一切以时间为开始，一切以时间为结束，这是一种数学的和造物主的时间，是推动人、强迫人和外在于人的时间。

——费尔南·布罗代尔：《资本主义论丛》

【内容解析】

时间是人类用以描述事件发生过程的一个参数。它包括每一历史时间所联系的丰富生动的历史内容以及在历史中的地位、作用和影响。研究历史要在特定的时间联系中对事物进行观察、分析，将历史问题置于具体的时间框架之中。时空观念是历史学科本质的体现，因为任何历史都是在特定的、具体的时空条件下发生的。若脱离时空背景去理解历史问题，就不会得出历史的准确认识。

时间，在历史领域，从某种意义上说，对历史具有本体论的意义，有什么样的时间观就有什么样的历史观。各种历史事件都潜伏在时间的长河中，也只有在世间的范围内，时间才变得清晰可辨。学生要牢固树立时间意识。时间意识是一种时间感，是一种生活在事件之中的意识，指学习者能够意识到自己身处于时间坐标之中的主观感知。

3. 历史学中的时间概念

【原典阅读】

若否定历史中的“原因”概念，起初听起来荒谬；若否定历史中的“时间”概念则显得荒谬绝伦，因为人们认为历史不可缺少它。然而，历史学不可或缺的不是“时间”概念，而是“发展”或“进程”概念。这样的进程是无限的，每一进程都由思想建构，仅当思想受对这一或那一行动的兴趣驱动，即从人们逐渐置身于其中的形势出发才能建构：一切历史的“当代性”和“普遍史”或“百科全书式历史”的不可能性的论题就源于此。从抽象观点看，后种历史包含并穷尽历史的全部内容。如此理解的普遍史的观念或不如说普遍史的想象破灭了，同时作为历史图景的时间概念也破灭了。根据生活发展赋予我们的无限观点来建构无限进程，实际上意味着历史在时间上既无起点又无终点。普遍史本身似乎在时间上有起点和终点，正如威尔斯（为了举出一个目前家喻户晓的实例）分析时将发现这些历史是用特殊观点撰写的；威尔斯的历史就是从太阳与地球、热量与动物生命及诸如此类的关系的观点撰写的。

在历史是进程的这一历史定义中，还可发现赞同众所周知格言的理由：不能撰写“进展中事实”的历史即进程尚未结束的历史，因为这样的历史既不能判断又不能思考。有人提出异议：我们在行动中、在行动的每一瞬间思考并判断，这是毫无疑义的。但我们思考和判断的，是包括在更大进程中、在它们已结束的小周期内的小进程，而不是那种大进程；仅当用想象使事实提前，使尚未结束的进程结束，才仿佛在思考和判断大进程，就像预言家和先知所做的那样。甚至，能够一个接一个地思考未在大进程中消解的小进程这一事实，为另一人尽皆知格言提供了辩护词：不能撰写在进展中事实的历史，只能撰写这样的“编年史”。编年史是将形形色色进程进行外在的和年代学的排序，每一进程单独是可理解的，但在它们的联系中尚不可理解：已被思考的历史的后继者，同时也是其他历史的先行者，只有当其时刻来临时，它才能被思考。

用这一格言同时提出并解决另一异议：由于所有进程构成唯一进程、宇宙史构成统一性，若不假设世界有末日，则不能获得过人智慧，也不能建构已结来的历史；这就像一个超尘世的头脑在思考盛大节日之后的进程。明确的答案在于再次确认：任何历史的重构从来不是完美的和最终的，一切历史都在继续被重新思考和补充完善。若世界有末日，则没有思考历史的必要条件，就会缺少任何历史，随之就会缺少一切思想。

——克罗齐：《历史学的理论和历史》

【内容解析】

强调“历史就是进程”，通过时间把握历史的发展。

4. 从时间角度看历史的类型

【原典阅读】

时间系列

历史本身是一个时间的序列，根据时间的序列就可以将历史划分成不同的类型。在时间范围上，从古到今全部包括在内的，可称为通史，记述一定时期的历史则是断代史或阶段史。这里要注意的是，通史的上限应该是从研究对象产生之后或留下记录开始，如“中国道教史”，当然只能从道教产生写起，包括它产生的环境和条件，对有关的因素可以作必要的追溯，但不可能也不应该没有时间上的上限。又如“中国思想史”，应该包括整个中国的全部历史阶段存在过的思想，原始社会的先民当然有他们的思想活动，但没有留下基本的史料和信息，就暂且无法探究了。目前至多只能通过对尚处原始状态民族的调查来作一些合理的推测。

现存中国历史上第一部通史，是司马迁的《史记》，从传说中的五帝，一直记到作者生活的汉武帝太初年间，共三千余年的历史。而所谓断代史就是以一个朝代为始终的历史。中国历来很注重朝代，在世界上或许不是普遍性的，但在中国却是始终适用的，因为从夏、商、周开始直到清朝，朝代可以覆盖全部历史年代。受中国影响及曾经属于中国文化圈的邻国也是如此，如朝鲜、越南、日本等。

“二十四史”中除《史记》以外，其余均为断代史。东汉班固所作的《汉书》，叙事始于汉高帝元年（前206），终于王莽地皇四年（23），是整个西汉一代的断代史，也是中国第一部断代史。当然对开始阶段一些人物的叙述，肯定会早于该朝代，如对刘邦的记述还追溯到他在秦朝的经历，其他人物也是如此。其后的《南史》，虽然包括宋、齐、梁、陈，《北史》包括北魏、东魏、西魏、北齐和北周，新、旧《五代史》包括梁、唐、晋、汉、周，但南朝、北朝和五代同样被视为一个大的朝代或阶段。这些史书除了前面几部是出于个人之手，得到官方认可之外，其余大多是在一个朝代灭亡之后，由后继的朝代组织修撰的。从司马迁写《史记》，班固作《汉书》以后，就形成了一种制度，一直到民国建立以后成立史馆编写《清史稿》，也是遵循这一惯例。这成为中国史学的一个特色。

但是，断代史以朝代为始终有不科学的地方，最大的问题就在于很多历史上的变化并不完全是与朝代起讫相一致的。如清初张廷玉等人奉旨纂修的《明史》，起自洪武元年（1368），讫于崇祯十七年（1644）。之所以下限断在崇祯十七年，是由于该年李自成率部攻入北京，崇祯皇帝在景山自缢，明朝的中央政权灭亡。但此后很长一段时间，中国南部很多地区都还在南明弘光、隆武、永历三个政权的相继控制之下。一直到大陆本土的南明政权覆灭后，占据台湾的郑成功仍奉南明永历年号为正朔。严格地讲，至少要到永历政权灭亡，明朝的历史才正式结束。当然作为朝代的划分，总得有所取舍，将1644年定为明朝的结束也未尝不可，问题是对明朝残余的史实应该有记载的地方，如果放在清朝的历史中，往往就会受到种种影响，不能集中地、如实地得到反映。

阶段史和断代史实际上并没有本质的区别，阶段史的所谓“阶段”，既可以大于一个朝代的时间，如中古、秦汉、宋元；又可以小于一个朝代的时间，如晚明、清末；还可以跨越一个朝代的时间，如明末清初、近代。就阶段而言，主要有两种类型：一种是按固定时间单位划分的，另一种是按历史发展过程划分的。

前者如以一百年为单位的世纪，始于西方人按照耶稣诞生的那年为公元1年算起，以后渐成惯例。在公元2000年前后，新千年、世纪末、世纪之交、跨世纪等词的使用频率很高，还有人预言未来一百年是中国世纪或东亚世纪等，“世纪”一词几乎天天见诸传媒，似乎已成为最时髦的词汇之一，好像过了2001年元旦，整个世界就要为之一变似的。其实世纪不过是计年的方法而已，若耶稣早生或晚生若干年，跨世纪的时间便会提前或推后，世界难道就与现在大不相同了？历史发展与纪年方法怎么会有必然的联系？何况耶稣的生年实际上是出于后人的推测，据西方的宗教史学家研究，如果历史上确有耶稣其人，据《圣经·路加福音》，他出生于罗马帝国人口普查的公元前7年；而据《马太福音》，耶稣则应该出生于古犹太阿罗大王（King Herod the Great）去世的公元前4年，不管孰是孰非，总之都不是在公元元年。

在辛亥革命以前，中国只有干支纪年、帝王在位的年代或年号纪年，没有世纪，也就没有现代的世纪概念了。古来多少“跨世纪人物”“跨世纪事件”和与世纪有关的一切，当时的人们是没有丝毫感觉的，既不会有“世纪末”的恐惧，也不可能有“跨世纪”的荣耀。其实，就是在西方世界，在普遍采用公元纪年的公元6世纪之前，人们也没有世纪的概念。古埃及的法老、巴比伦的君主、希腊的先哲、罗马帝国的伟人，多少风流人物，不是照样活跃在历史的舞台上吗?

很多人总觉得世纪之交应该是一个什么转折点，至少有点不同寻常。我们姑且把“世纪之交”定在上一世纪的最后十年和下一世纪开始的十年，看看能从中国历史中找出什么规律。可是查阅史书的结果却令人失望，从有比较确切纪年开始的公元前841年（西周共和元年）算起，在此后的二十七个世纪之交中，称得上发生巨变的似乎只有六次：

（1）公元前3世纪与公元前2世纪之交是秦汉之际，秦始皇去世，陈胜、吴广揭竿而起，楚汉相争，西汉建立并巩固。

（2）公元前1世纪与公元1世纪之交正值西汉末期和王莽代汉之初。

（3）2世纪与3世纪之交东汉实际上崩溃，三国鼎立局面形成。

（4）3世纪与4世纪之交是西晋后期，经历了“八王之乱”，“五胡十六国”已经开始。

（5）9世纪与10世纪之交是唐朝覆灭，进入五代十国。

（6）19世纪与20世纪之交发生了甲午战争、戊戌变法、义和团运动、八国联军入侵等一系列大事，实际上已是清朝覆灭的前夜。

因为公历是将推测的耶稣出生那年定为公元元年，所以如果当初耶稣出生推后五十年，那么“世纪之交”就会出现唐朝的安史之乱、北宋建立、元即将统一、明清之际、西方列强叩开清朝大门、太平天国运动、中华人民共和国建立这样的大事，但前面列出来的事也就沾不上边了。由此可见，历史与世纪没有什么关系，当然更不会有以一百年为周期的规律了。

正因为固定时间单位的阶段不符合历史规律，往往会割裂历史，所以我们更多采用的是第二种，即顺乎历史的阶段。这种阶段就不是人为地划分的，而是与历史发展过程密切相关的。如“鸦片战争时期”“抗日战争时期”等。这些阶段都是以一个重大历史事件为标志，以比较完整的历史过程为始终。

也有以某个人的生存或活动年代为一个历史阶段的，比如西方有“荷马时代”，就是以生活于公元前9世纪至公元前8世纪的古希腊盲诗人荷马的生活年代为阶段的；西方史学家常将西班牙国王菲利普二世（Felipe II）在位期间（1556—1598）的16世纪后半期作为一个完整的时代加以考察，称为“菲利普二世时代”；中国有所谓“康乾盛世”“同光中兴”，也是把康熙和乾隆、同治和光绪连在一起作为一个特定的历史阶段。

但是，与用朝代相类似，用阶段作为历史考察的时段也有其缺陷。由于历史的演进不是单一直线的，也不是均衡发展的，不会完全和时间一致。因此，对于不同的历史考察对象，阶段就应该有所不同，不可能都按同一个标准划分。现在将“鸦片战争”作为中国进入近代的开端，将“五四运动”作为中国现代史的起点，这些结论当然对于某些领域或者大多数领域是正确的，但并不适合于一切专门史。如研究人口史，鸦片战争对中国人口的变化就没有多大的影响，人口变化的重大阶段发生在太平天国时期。当太平天国运动发生时，中国人口已经达到空前的4.3亿人，而此后最剧烈的战争和破坏发生在中国最富庶、人口最稠密的地区，如长江三角洲、安徽南部、江西、湖北等地，因而造成了惊人的损失，全国人口减少约1亿人，所以太平天国战争无疑是中国近代人口史的一大转折点，其意义要比鸦片战争大得多。而对于文学史而言，中国新文化运动的开端是胡适于1917年1月在《新青年》发表《文学改良刍议》，而不是1919年的五四运动。

其他如经济史、社会史、宗教史、艺术史等专门史，1840年的鸦片战争、1911年的辛亥革命、1919年的五四运动等政治史上的重大事件，就未必一定可以用来作为这些专门史的分界线。各种专门史应该根据所记载或所研究的历史本身探讨客观规律，来确定它们特有的历史发展阶段，而绝不能生搬硬套。

阶段史研究在当代相对较多，但在传统史学家中也有编写阶段史的，比如南宋李心传所著《建炎以来系年要录》，记载南宋第一个皇帝高宗一朝的史实，就是阶段史著作，体裁上则是编年体。因为对于整个宋代，宋室南渡是影响深远的事件，开创了南宋的历史。这一阶段开始于建炎元年（1127），终于绍兴三十二年（1162），所以以“建炎以来”为名。李心传是当代人记当代事，所记时限不是整个宋朝，而是其中一个阶段。

以研究对象的发展断限的阶段史，自然比纯粹按皇朝兴废断限的断代史更加科学。但如果在编纂通史时过于强调各方面的断限，就难免顾此失彼，所以一般只能沿用一个比较通行的阶段。

中国长期以来之所以断代史最发达，除了政治方面的因素外，史料方面的考虑也是一个主要原因。中国历史的一个显著特点是，每一个朝代都留下了浩如烟海的文献记录，据美国汉学家费正清（John King Fairbank, 1907—1991）在《美国与中国》（世界知识出版社1999年）一书中的估计，1750年以前，用中文印刷的书籍，比全世界所有用别种文字印刷的书籍的总和还多，这还不包括存世的大量未经刊印的日记、书信、档案、手稿、钞本等。我们可以毫不夸张地说，在现代以前，用中文记录的文献比世界上任何一种文字记录的文献都多得多。这些中文文献中有很多是以朝代为记载时限的，如历代的正史、实录、诗文总集等，便于后世的学者将一个朝代作为整体来研究，自然最适合于断代史。

——葛剑雄：《历史学是什么》

葛剑雄（1945—　），历史学博士，复旦大学资深教授，教育部社会科学委员会历史学部委员。

【内容解析】

我们这里所说的历史，是指经过历史学者收集、整理、加工、编撰成的历史记载或叙述，而不是不加整理的原始记录。既然是整理和记录，时段的划分、时间的定位就显得十分重要了。

中国传统史学对于历史的分类，主要按照历史记载的形式，即史书的体裁，如纪传体、编年体、纪事本末体、政书、类书等。这样分类的缺点在于，有部分具有史学价值的书无法归入那一类。

葛先生主张根据不同的标准将历史分为几个系列，主要有以下几种。

时间系列：通史、断代史、阶段史等。

空间系列：世界史、国别史、地区史等。

内容系列：综合史、专门史、资料汇编、年表、历史地图等。

人物系列：个人、血缘群体、地域群体、专门群体。

另类历史：文学、艺术、宗教、神话、音乐、戏剧、影视、民间故事等。

二、关于历史空间

1. 从全球视角研究历史

【原典阅读】

本书是一部世界史，其主要特点就在于：研究的是全球而不是某一国家或地区的历史；关注的是整个人类，而不是局限于西方人或非西方人。本书的观点，就如一位栖身月球的观察者从整体上对我们所在的球体进行考察时形成的观点，因而，与居住伦敦或巴黎、北京或德里的观察者的观点判然不同。

——斯塔夫里阿诺斯：《全球通史》

【内容解析】

作者在本书中采用全新的史学观点和方法，即将整个世界看作一个不可分割的有机的统一整体，从全球的角度而不是从某一国家或某一地区的角度来考察世界各地区人类文明的产生和发展，把研究重点放在对人类历史进程有重大影响的历史运动、历史事件和它们之间的相互关联和相互影响上，努力反映局部与整体的对抗以及它们之间的相互作用。

2. 从历史发展视角研究疆域变化

【原典阅读】

历史上的中国和中国历代疆域（节选）

谭其骧

我们是如何处理历史上的中国这个问题呢？我们是拿清朝完成统一以后，帝国主义侵入中国以前的清朝版图，具体说，就是从18世纪50年代到19世纪40年代鸦片战争以前这个时期的中国版图作为我们历史时期的中国的范围。所谓历史时期的中国，就以此为范围。不管是几百年也好，还是几千年也好，在这个范围之内活动的民族，我们都认为是中国史上的民族；在这个范围之内所建立的政权，我们都认为是中国史上的政权。简单的回答就是这样。超出了这个范围，那就不是中国的民族了，也不是中国的政权了。

为什么作出这样的决定？我们的理由是这样的。

首先，我们是现代的中国人，我们不能拿古人心目中的“中国”作为中国的范围。我们知道，唐朝人心目中的中国，宋朝人心目中的中国，是不是这个范围？不是的。这是很清楚的。但是我们不是唐朝人，不是宋朝人，我们不能以唐朝人心目中的中国为中国，宋朝人心目中的中国为中国，所以我们要拿这个范围作为中国。

……

第二个问题。我们既不能以古人的“中国”为历史上的中国，也不能拿今天的中国范围来限定我们历史上的中国范围。我们应该采用整个历史时期，整个几千年来历史发展所自然形成的中国为历史上的中国。我们认为18世纪中叶以后、1840年以前的中国范围是我们几千年来历史发展所自然形成的中国，这就是我们历史上的中国。

……

历史上同时存在两个以上的中国政权时，那就得承认事实上当时几个国家并峙，谁也管不到谁，不能硬说中原王朝管到了边区民族政权。

……

历史上的中国政权有时管到了历史上中国范围以外的地方，我们也得承认这些地方虽然不在历史上的中国范围之内，但确在几个中国王朝版图之内。

……

今天我们写中国史，当然应该把各族人民的历史都当成中国历史的一部分，因为这个中国是我们各族人民共同缔造的，是五十六个民族共同的，而不是汉族一家的中国。我们今天的命运是相同的，兴旺就是大家的兴旺，衰落就是大家的衰落，我们应该团结起来共同斗争。

谭其骧（1911—1992），中国历史学家、历史地理学家，中国历史地理学科主要奠基人和开拓者。

【内容解析】

按照谭先生对历史中国的界定，在鸦片战争前中国领土上的所有民族以及他们建立的政权，都是中华民族的一部分，他们的政权都是中国的政权。这些政权既有汉族政权，又有少数民族政权。所谓中国，并不是只有汉族的中原王朝才是中国，少数民族政权同样属于历史上的中国，只不过他们和中原汉族政权不统一而已。

本文不仅说明了中国历代疆域的变化情况，同时也说明了中国多民族国家的形成过程。华夷之分的传统观念已经过时了，华夏族和其他兄弟民族经由元清两代，真正实现了融合，由此我国成为一个统一的多民族国家。我们五十六个民族自古以来就是中国人，虽然我们在中国历史上建立过许多不同的政权，但都是历史上的中国政权。中华民族的历史，不仅是由汉民族写成的，而且包括其他兄弟民族的贡献。

我们必须坚决反对民族分裂主义以及台独理念。今天我们写中国史，当然应该把各族人民的历史都当成中国历史的一部分，因为这个中国是我们各族人民共同缔造的。

3. 从空间角度看历史兴衰

【原典阅读】

西安的位置接近中国的地理中心，现在已成了旅游者注目的焦点。撇开其他的条件不说，它是中国历史上十一个朝代的都城所在，最早的还可以追溯到秦朝统一中国之前。它在历史上所享有的盛名，远超过任何其他政治中心。不过，令人遗憾的是，由于内忧外患，古老的建筑早已荡然无存，只有废墟还保留了一些昔日的雄伟气象。

在现今西安市的东边，也有好几处有名的历史遗迹。距离西安城不到五英里的地方是半坡村，它至少有六千年之久，是目前中国境内所发现的最大的新石器时代遗址。从墓葬的形象看来，半坡村的社会当属母系社会。

……

公元906年之后，西安再未曾成为中国的国都。当中国即将进入本千年之际，情况愈为明显，国都必须接近经济条件方便之处。中国的重心已移至东边。东南区域尤以土地肥沃、水道交通便利而有吸引力。即使化外的游牧民族，也以当中获有农业经验者占优势。自然之选择已使东北为他们理想的基地，远超过干旱的西北，那是吐蕃、突厥繁盛之区。所以中国多数民族与少数民族在今后四百年的争斗中，采取一种南北为轴心的战线，与西安渐渐远隔。这座古老的国都，也已在历史中充分地表现过它上下浮沉的经历了。

——黄仁宇：《中国大历史》

4. 从人口、族群的空间移动看历史的发展变化

【原典阅读】

中国地区人口与族群的移动（节选）

两汉时期，北方人口陆续移入长江流域及西南各地，改变了全国人口的分布格局。两晋南北朝时期，南迁的北人为数更多。同时，南方的土著族群，在汉人南下时，或则避入深山，或则往南方及西南移动。

在中国北部，南北朝时期有所谓五胡乱华；东北至西北的北方民族人口大量移入中原，最后终于融为中国的多元国族。这一为期五六百年的长期人口移动，牵动了中国及周边的许多族群，总的趋势是南向的“连锁说”式骨牌效应，涉及的人口数字应以百万至千万计。在人类历史上，可谓影响深远的大事。同样的趋向其实从未停止。中国东北森林与北方草原地区的居民，不断进入中原，而原来居住在北方的人口又不断南迁，以致北方与南方语言有颇大区别。中国南方的“客家”乃是长久保持南迁集体记忆的族群，凡此屡次的大量人口南移，对文化与经济的南北比重产生了显著的影响。

中国人口由西向东的移动，大多源自西方。在唐代中叶，因为伊斯兰帝国的扩张，还有一批中亚人口陆续迁入中国本部，例如原在中亚的沙陀，成群移入中国陕西、山西地区。蒙元时代，政府调动中亚的军队（签军）戍守中国内地。这些人口大多融入中国多元国族中，而随蒙元势力进入中国西南的签军，成为中国境内伊斯兰族群的南支。

至于由东而西的人口移动，也曾见于中国西域地区。第一批西移人口，是在汉代原来居住在今日甘肃的大月氏，受匈奴扩张的压力而西迁至中亚阿姆河流域（今日阿富汗）。匈奴与中国对抗，经历两汉数百年，最后为中国击败。匈奴余部西迁，一路往西，连锁的效应导致欧洲历史上的“蛮族入侵”。中国南北朝时期，原在中国东北方的一部分鲜卑人，横穿草原，进入黄河西岸，结合当地党项羌，建立了西夏。突厥败于中国，西突厥余部移入中亚，建立国家。在伊斯兰帝

国时，突厥人常是中亚地区的主人，最后突厥人移入今日欧亚之间，夺取当地政权，其后裔即是今日的土耳其。中国北方的契丹人建立了辽国，长期与宋朝分据中国，辽亡于金，余部西征，在今日新疆地区建立西辽，雄张当世。

中国人口南向出海则由宋朝开始。唐宋之时，南海航道畅通，航道上出现了不少新兴国家，华人也陆续进入南海各地。这一长期的人口移动，在元代更为可观。明初郑和“下西洋”，在渤泥、旧港、马六甲各处，都已有数以万计的华人建立聚落。16世纪，大洋航道开通，中国出海的人口更多。在明清之际，巴达维亚与吕宋都已有数万华人居住。18世纪以后，西方帝国主义开发太平洋，华南地区人口外移南洋、美洲西岸及澳洲的人数不下数百万。16世纪以来，台湾是闽粤人口迁移的新出路。明末郑氏开台，随郑成功入台的军民十余万，加上在荷兰殖民时代已经入台的人口，总数应不下二三十万。清代康熙取得台湾后，陆续由闽粤两地迁移台湾的人口更多。甲午割台时，台湾已有二三百万人口。在闽粤人口移民台湾时，台湾原居民大部分同化于中国多元国族之中，也有若干部落则迁移入山，或移居东部，人数约以万数。

17世纪至18世纪，河北人移往陕北、甘肃地区，湖北人移往汉水流域上游及四川盆地，山东人移居东北（所谓走关东），则是区内人口的移动，往往以数十万至百万计。

中国地区内外人口的大量移动，三千年来从未停止。由外面移入的人口当以北方族群为主体，而南迁的人口则搅入南方的原住居民，使其融入中国多元族群之中，且这两种趋势都导致中国族群的扩大，也使中国文化的内涵更为多姿多彩。至于中国内部人口的迁移，则以其“搅拌”作用，促进了各族的融合，减少了地方性的差异。中国人口庞大，占近今日世界总人口的四分之一。这一庞大数字，并不全由自然增殖，而是人口的不断吸收与融合所致。

——许倬云：《历史大脉络》

【内容解析】

在中国古代波澜壮阔的历史舞台上，人口流动、民族迁徙不断发生，通过拓展或更换生存活动空间，促进了经济文化的交流，也促进了民族融合。

中国古代人口的流向：

（1）由人口稀少的荒漠草原向人口稠密的黄河流域中下游地区迁移，如东汉以后的五族内迁，元朝时女真、蒙古人的南下。

（2）北方人民南迁，由人口众多的黄河流域迁向人口稀少的长江中下游地区，如西晋末年起，北方人民南迁；五代十国时期中原人民流落江南。

（3）内地人口向边疆迁移，大多由政府组织军民迁移，从事戍守、开发、屯田等，如秦朝迁50万中原人去越族地区，元统一后许多汉族人到边疆去。

（4）华人外流。我国古代有很多人由于多方面的原因到海外谋生、居住，形成华人外流，如唐朝时有人到南洋，郑和下西洋后去南洋的人更多了。

（5）外族内流。在长期的中外经济文化交往过程中，不少外国人来华经商定居，形成外族内流，如唐朝时信仰伊斯兰教的波斯人、阿拉伯人到我国一些地区居住，元朝时形成回族。

人口迁移的原因主要为少数民族生产方式的落后和中原地区先进的经济文化吸引少数民族内迁；北方战乱不断，南方相对安定导致大量北人南迁；统治阶级出于政治、经济、军事目的组织军民迁移；统治阶级专制统治、土地兼并等，使农民流离失所，导致人口被迫迁移等。

世界历史上的人口流动问题也要认真关注，如西方近代殖民扩张、奴隶贸易推动人口流动，工业革命推动人口由农村流向城市，美国西进运动等。

5. 从空间角度看历史的类型

【原典阅读】

空间系列

第二个历史的系列是根据空间来划分的。

时间和空间，是历史的两个最重要的要素。时间概念是时代、阶段，空间概念则是地域、区域。空间可以大到整个世界，也可以缩小到一个洲、一个国家，或者一个地区，甚至更小的一个村落或一个街区。研究者根据实际的需要，以空间内部的共同性和与外界的差异性为标准来划定研究的地域。

我们之所以能够将某个地域作为考察对象，应当是它作为一个整体、与周围有着显著的不同，而内部各部分则存在着共同点。这种共同点可以是自然的，也可以是人文的，也可以是自然与人文两者结合的。

对于空间的取舍并不是任意的，而是要根据历史研究的需要出发。从理论上讲，研究对象具体到每一个个体是最好的，因为任何两个个体间都存在差别。比如说“男人”这个概念，男人中有老有少，同样年龄的男人还有健康状况和性格气质的差异，更会有相貌上的区别。但从研究的实际讲，不可能每个个体都成为研究对象。空间也是一样，无疑空间划得越小，研究便越精确，空间扩大必然不得不忽略掉各部分之间的一些细节差异，但是研究的实际情况决定了研究者不可能去关注没有代表性的极细小的区域和极琐碎的差异，必须进行概括，否则就无法进行研究了。

由于区域的划分是出于记载或研究的需要，不是任意的，也不是越小越好，所以在全国性的研究中，一般可以以现今一个省的范围作为一个区域。现在的省区划分，基本上是继承明清的制度，在建省之初，必定是由于这片区域具有一些共同点，所以才将它们划归在一起。建省之后，在同一个地方政府的管理之下，经济、社会、文化上也会渐趋相同。除非出于统治者的特殊需要，很少会将两个完全没有共同性的地区划在一起。比如中国是个很大的地域概念，内部存在诸多差异，但这是一个国家，历史上长期处于一个高度中央集权的专制政府统治之下，这就是共同性。长江流域，则是一条长江把它们联系在一起，这也是共同性。以前一直把今天的江苏南部、浙江北部和上海市辖区合称为“吴越”，之所以要把吴和越连在一起，就是因为历史上以今苏州为中心的吴国和以今绍兴为中心的越国在疆域上彼此连接，自然条件相似，经济文化、风俗习惯上相近，很难将它们截然分开，所以就合称为“吴越”。从这种概念出发，吴与今湖北、湖南的楚就不属同一个区域。但若以长江为标准，吴和楚就同在一个区域内。总之，根据不同的需要，可以划分为不同的区域，但是任何划归在一起的区域一定有某一方面的共性，内部毫无共性的区域是不存在的，或者说是不合理的、错误的划分。

——葛剑雄：《历史学是什么》

【扩展阅读】

半月形文化带（节选）[①]

宋兆麟

作为史前的“活化石”在哪里呢？主要在我国西南，还有东北和内蒙古，这是一个半月形文化带。

经过多年的民族考古调查得知，在上述文化带中以西南地区最为重要。当地有多种多样的文化，母系制、父权制、奴隶制、农奴制，是一座天然的民族博物馆，其中的生产形态、手工工艺、衣食住行、文化艺术、民间信仰不仅各有特色，而且有有机的联系，这就是费孝通先生所说的“彝藏走廊”。更为重要的是，这条文化带北端并没到甘、青停止，它又外延了，包括宁夏、内蒙古以及东北地区，正好呈半月形，几乎占据了大半个中国。其间发生过许多重大事件，如匈奴的崛起、鲜卑西迁、五胡十六国、吐蕃强盛、辽金南进、西夏立国、蒙古挺进中原、满族统治全国，这都是中国历史的大事，对中国历史进程有重大影响。这是我钟爱西南，并在当地寻找历史变迁的原因。

我国半月形文化带有什么共性呢？至少有以下几点：

（1）农牧业交错带。在半月形文化带内基本为农业区，外则为游牧区，两种经济类型则在半月形文化带接触、碰撞和交流，总的变化趋势是农业文化扩大，游牧业缩小，甚至被汉化。尽管彝族已经由牧改农，但在过春节时还要外出牧羊，耳苏人在《送魂经》中也把亡灵送到祖居地牧羊去，这是对古代曾从事游牧经济的回忆。

（2）独有的手工工艺。这里的手工业比较丰富，呈多样化，既有农业的制陶、纺织，又有游牧民族的擀毡、毛纺、木作、树皮制作等。牧民使用陶、瓷器，并在陶瓮、瓷碗外还加一个碗套、瓮罩，防止在行旅或牧放中损坏。彝族从汉族地区学会木胎漆器，但他们的鹰足杯、牛足杯，却有明显的游牧民族

① 节选自《古代器物溯源》前言。

的文化特色。

（3）肉乳在饮食中占有突出地位。内蒙古猎人食肉衣皮，其他蒙古人亦然，奶酪极为重要，马奶酒也很出名，西北民族普遍重视肉食，西南民族也重视肉食，制作猪膘，流行酥油茶、酥油，彝族实行吃“砣砣肉”。这些民族重肉食，善饮奶，食物油腻性强，必以茶解之，因此不能一日无茶，苦茶、奶茶是重要的饮食内容，当地的茶马贸易正是两种经济区的交流方式。

（4）特有的交通工具。这里的交通工具无所不备，有农业的车、船，还有山区的筏子、马帮、牛帮，牧区的皮船和勒勒车。交通工具的多样性是其最大特点。从西北到西南普遍使用羊皮筏子，西藏则流行牛皮船，还有牛皮船舞。半月形文化带的马帮、牛帮运输也驰名中外。

（5）突出的民间信仰。在半月形文化带有突出的信仰，早期普遍信仰萨满教，至今在北方十多个民族中还信奉萨满教。西南民族也有不少萨满信仰内容，其特点是神灵附体、多神性，信仰对象多自然现象。后来发展为藏传佛教，从内蒙古到西南，以及西藏地区是藏传佛教的中心地区，留下许多珍贵的佛像、唐卡、寺院、玛尼堆等，至今崇拜不衰。

（6）天神和石崇拜流行。当地有不少特殊的崇拜对象，有两点特别明显：一是天神。当地地势高，寒气重，气候比较寒冷，生活条件艰苦，对大自然赐予的太阳、温暖极其渴望，且不解其意，从而形成崇拜仪式，如满族的天坛、纳西族的祭天场就是典型例证。二是石崇拜。朝鲜半岛、辽东的石棚，内蒙古的敖包，新疆的鹿石，甘、青、川、滇的玛尼堆，都是石崇拜的反映。

（7）魂归故里。藏传佛教讲究来世，人死天葬、水葬，但是半月形文化对祖先的崇拜并没有消失，他们还或多或少地保留了祭祖仪式。

……

上述文化共性是怎么形成的呢？我认为不是偶然的。

首先是两种经济文化区的交流。在地理版图上有不同的经济类型，在半月形文化带外侧基本为游牧经济，在内侧则为农业经济，其中又分两种类型：南方为稻作农业，北方为粟作农业。两种文化带并不是孤立的，早就有接触，有些牧民从农，在半月形地带往来，有些农民也迁往半月形地区，继续农耕，也吸收不少游牧文化，如重牲畜，关注皮毛加工等。经过年深日久，在半月形文化带就形成了特有的文化，即农牧融合的生活特点。他们向外缘发展吗？天气严寒，退回牧区，这已不可能，显然半月形地带较牧区为佳，而且有些地段受沙漠阻拦，反不如在半月形文化带内移动、迁徙，这是半月形地带居民流向的特点。与此同时，向内线农业发展吗？也不可能，因为农业经济比较稳定、进步，以游牧取代农业生产是不可能的。当然，在东北和北方有些原始民族在原始社会晚期和文明时代初期，军事民主制发达，曾利用强大的军事力量，尤其是闪电式的骑兵，称雄于北方，如匈奴；有些则迁进中原，建立政权，如辽、金、元。蒙古大军还挺进欧洲，强大无比，但是他们打天下易，巩固政权难。他们在中原的统治历史不过百年，一个强悍的骑马民族，经过两三代的历史，就为农业文明所吞食。也就是说，蒙古民族可以凭借强大的军事力量打败腐败的南宋政权，占领中原，统治中国，但是他们不得不放弃中原不适应的游牧方式，接受稳定的农业经济和先进的文化，久而久之，自己也被农业文明所同化了，只有在原住地生活的蒙古牧民还保持着祖业——游牧生活。至于金和清朝虽然在中原建立了自己的政权，由于自己已有农业文化基础，且受汉族影响由来已久，其被汉化也很快。

其次是半月形文化带移动性强。众所周知，农业生产是稳定的，要依着于土地，农作物也有季节性生长过程，所以农业民族都“重土难迁”。而游牧民族是逐水草而居，也善于迁徙，但它受地理条件限制：必须有水草才能迁徙。半月形文化带较农业文化区更善于流动，但不受水草限制，它只要有土地就能移动。当受到某种政治压力后，更增强了上述迁徙特点。

……

宋兆麟，民族考古学家。

【阅读说明】

半月形文化带的提出，第一，有助于宏观地分析中国历史上的重大事件，如农牧经济类型的相互影响、古代民族迁徙的流向、当地文化对我国统一多民族国家形成中的作用等。第二，也有益于研究半月形文化带内部的文化现象。

三、单元总结

我的历史四维时空观[①]

浙江省衢州一中　刘畅

教育部新研制的《普通高中历史课程标准》首次把基于核心素养的学业质量标准融入课程体系，凸显了对学科核心素养的重视，这也引起了历史教育工作者的广泛关注。笔者认真拜读了叶小兵、何成刚、李晓风等专家和老师的相关论作，受益匪浅，基于历史学科核心素养对历史教学有了新的认知。本文仅谈及对时空观念素养的认识和思考，兼与李晓风老师就《对于历史学科“核心素养”的一些疑惑和商榷》中时空观念问题相商榷。

首先，李老师认为：“一个思维和智商处于正常范围的人都自然地能够、而且只能够从时空来认识历史。”其实这是对时空观念素养的浅层理解，时空观念的内涵是指在特定的时间联系和空间联系中对历史进行观察、分析的观念，不仅要求明确历史史实的时间、空间，还要能依据时空要素建构历史事件、人物之间的内在联系，理解历史的变化与延续、统一与多样等。而李老师却认为后面这些素养“已经远远地超出了‘时空观念’所能够涵盖的范围，已经与历史过程的建构，历史的理解和阐释区分不开了”。但如果是这样，追求重现历史真实的史料实证素养，要求对历史有同情理解的历史理解素养，对历史理性分析和客观评判的历史解释素养也均包含于强调历史事实判断与价值判断辩证统一的历史价值观素养内，那么历史核心素养只设历史价值观一项就好了，可这样显然是不行的。五大核心素养是相辅相成，缺一不可的，共同组成了学生具有历史学科特点的思维品质和基本能力。

其次，放眼世界，许多国家和地区都把时空观念列入学科素养之中，比如美国《历史学科国家课程标准》就包括“时序思维能力”等。对时空观念不约

① 选自《历史教学》2016年8月上。

而同的重视，其根源在于历史学科的基本特点。“历”的繁体作“歷”，其下部的“止”字，在甲骨文和金文中的字形，就是一只脚，表示人穿过一片树林。汉代许慎所著的《说文解字》里说：“历，过也，传也。”“过”是指空间上的移动，“传”则表示时间上的移动。可见时空性是历史学科本质和天然的特征，这也回答了李老师“所有的学科都离不开时间和空间的概念和框架，但是，并未见到其他学科把‘时空观念’作为本学科的‘核心素养’写进课程标准”的疑问。

最后，从十几年的一线教学实际来看，学生的时空观念素养并不理想。高中生还经常出现“孙中山领导北伐军收复汉口、九江英租界”等令人啼笑皆非的时空错位。当然这客观上也和模块化的教材有关，专题化的教学人为地打破了历史的天然时空关联，而历史知识又浩如烟海，学生很难按照时间顺序和空间要素建构历史史实之间的关联。

综上，笔者认为对历史的认识必须从时空观念出发，只有将史事置于历史进程的时空框架当中，才能显示出它们存在的意义。时空观念是历史核心素养的不可或缺的前提性组成，教学中应充分关注。结合学情的分析和个人的理解，笔者把历史时空观念素养分为四个依次递进的维度。

维度一：能够知道特定史事的特定时间和空间。

笔者认为“历史”一词的建构实际上包含着两个层次：“客观的历史”和“记录的历史”。历史工作者任务就是使“记录的历史”无限地接近“客观的历史”，最基本的方法就是用时空将其界定，然后依据史料进行“复原”。虽然复原“客观的历史”存在着不可逾越的障碍，但这不能改变一个前提：历史具有纯粹客观性，“客观的历史”存在于某一确定的时间和空间，具有唯一性。葛剑雄先生谈及这一问题时举了一例，“红学家们最近又在争论曹雪芹死在哪一年，但只要以前真有过曹雪芹这个人，那么他死亡的时间就只有一个，既不可能有一个以上，也不可能没有，无论今天的红学家如何结论。”

而事实上，教学中笔者发现学生对历史的时间空间存在诸多疑问，比如为什么俄国发生于1917年3月8日的革命事件，却被称为二月革命？为什么牛顿的出生时间有两种说法？（2007年第3版人教版选修四为1643年，2009年第3版人民版必修三为1642年）其实这两个疑问涉及同一个问题——西方历法。1699年

12月30日，俄国彼得一世发布诏令，宣布采用儒略·恺撒所创立的儒略历，此后这一历法在俄国一直沿用到1918年。而儒略历与公历（格利高里历）有所区别：儒略历日期比公历晚，17世纪晚10天，18世纪晚11天，19世纪晚12天，20世纪晚13天。儒略历平均每年365.25天，与回归年之差逐年积累，因此罗马教皇格利高里在1582年宣布修改历法。但是，那时处于宗教改革年代的新教国家认为这是罗马教皇的阴谋，目的是要恢复罗马教廷的统治，拒绝更改历法。英国国教因此不行新历，所以牛顿的生日，在当时是按儒略历为1642年12月25日，但按照后来改用的公历，应为1643年 1 月 4 日。由于今天我们的课本基本采用公历纪年，所以牛顿出生于1643年的说法比较妥当。

任何历史都是在特定的、具体的历史时间和地理条件下发生的，明晰历史发生的具体的时间和地理条件是准确认识历史的前提，也是历史时空观念素养的基本维度。教学中不仅要引导学生熟记大事年表，识别历史地图中的相关信息，而且要帮助学生了解古今不同历法的换算，古今地名区别等。

维度二：能够知道划分历史时间与空间的多种方式及标准，并能运用这些方式描述过去。

我们为什么要对历史分期？冯天瑜先生说：“若不能对历史做出科学的分期，历史体系的总体把握便无法实现，各种具体的研究也失去坐标系，如坠雾里云烟，茫无头绪，也无法向大众（尤其是青少年）提供清晰的历史脉络。”划分历史时期有利于学生理解不同历史时期之间的质的差别，把握历史的发展脉络和规律。划分历史时间并没有固定的标准，历史分期不具有唯一性。比如新中国建立后，我国史学界受苏联的影响，一直把1917年十月革命作为世界现代史的开端。1978年以来，关于世界现代史开端的探讨进入一个新的历史时期，各种新的见解渐次出现，如19世纪末20世纪初、第三次科技革命等。这一变化过程明显体现了革命史观、整体史观、文明史观等不同史观对历史时段划分的影响，当然历史分期标准还有社会形态、社会组织特征、生产方式等，教学中要注意分析和引导。

其实不仅时间，空间也有不同的划分方式和标准。如讲中国古代政治制度，首先要明确这套制度所展开的地理空间，我们为什么用“疆域”还是“领土”来圈定呢？“我们今天讲的领土，乃是一个国际法概念，是以明确的主权为根据的一个国家管辖的范围……疆域所指的境界就不一定有非常完全的主权归属。例如历史上的中原王朝除了拥有主权很明确的正式行政区以外，往往还有不少属国、藩国、羁縻单位等各种附属的、接受监护的或自治的区域。王朝在这些区域之间的地位和作用千差万别。”古代中国的疆域类型是多样的，可分为正式行政区、军事驻防区、民族或地方自治区和其他特殊行政区等，所以要根据当代主权标准来界定古代疆域的范围是不恰当的，还要参考历史文化观念。中国古代儒家思想认为“中国是天下之中心，文明之中心，中国的皇帝就是君临天下、拥有一切的最高主宰。因此，王朝的疆域范围不在于实际上应该在哪里，而是皇帝接受到哪里，或者是哪里的人有资格做皇帝的臣民。被称为‘夷’‘狄’‘蛮’的人是所谓‘天子不臣’的对象，是没有资格做皇帝臣民的，所以其聚居区不能算‘中国’的疆域，只能是‘化外’”。所以今天我们不能因为古代统治者没有把这些区域列入“疆域”范围之内把其排除在中国的领土之外。在讲述中国古代政治制度时，一定要把这些地区范围内自治、半自治或者完全被中央政府控制的政权纳入研究。可见“疆域”“领土”虽常混用，其实是有一定的差别的，“领土”为国际法概念，而“疆域”则深受传统政治文化观念的影响。我们讲述古代中国政治制度时，一定要厘清这样一些地理空间概念，否则就不是准确的古代中国政治制度史了。

关于历史时空分期的争鸣有利于历史学习的开放包容氛围的生成，也有利于学生对历史进行个性化理解和感悟。然而，知道划分历史时间与空间的多种方式及标准，并能运用这些方式描述过去并不是一项简单的素养，学生要掌握不同历史时期的时代特征，才能了解所学内容的历史分期方式，要有一定的阅读深度和广度，才能辨识历史著述中不同历史分期方式并准确运用历史的时空术语和分期方式对历史的发展进行自己的论述。

维度三：能按照时间顺序和空间要素，独立地编制史事进程图表，理解历史在时间上和逻辑上的持续与顺序。

布罗代尔强调：“对于历史发展影响最大的是历史的‘长时段’，它是地理结构、社会组织、文化意识等凝固而成的一种长期延续的‘实在’。对历史发展起决定性、长时期的作用。”按照时间顺序和空间要素，独立地编制史事进程图表，是复习教学时经常采用的方法，它能帮助学生建构起既“通”又

“透”的历史知识体系，在不同的时空框架下理解历史的变化与延续。

“没有共产党，就没有新中国。”新民主主义革命胜利的关键在于中国共产党的领导。整理中共中央所在地变迁史对研究中共党史和新民主主义革命的历史有重大意义。

一部中共中央所在地变迁史就是一部中国新民主主义革命史，此表涵盖了大部分历史大事件，可使学生对中国革命中心的转移，中共的成长历程和新民主主义革命的发展脉络等有更清晰的认知。通过自制图表，把历史事件、时间、地点、特点等分类归纳，尤其绘制有关史事的历史地图或示意图，是培养历史时空素养的一种非常有效的方法。正如历史地理学家房龙先生的建议的那样：“根据你自己对于事情将被如何处理的主意画出你自己的示意图，而你永远将无法忘怀。”

维度四：能在历史时空的框架下对历史和现实社会进行独立考察和探究。

历史是过去与现在之间的连续对话，对现实问题的历史观照和历史问题的现实思考，既是历史教学的要求，又是学生历史素养水平的体现。2016年6月24日英国宣布脱欧公投结果，举世瞩目。不了解历史的人无比震惊，觉得英国没事瞎折腾，但懂历史的人则有意料之外、情理之中的感觉，觉得这个岛的人民自古以来就是这样。所以，要深度解读英国脱欧，就必须在历史时空的框架下进行宏观而长时段地思考。

回望英国的历史，“海在英国人的生活中是一个最重要的因素，与海洋相关的一切物质和精神财富都是不列颠人的至宝：古代社会因海的便利带给不列颠人开放的文化价值观，近代时期，不列颠人为寻求财富而通过大海走遍全世界……（海）使英国既容易保持独立，又避开了岛国常出现的孤立、封闭和停滞”。所谓“一方水土养一方人”，独特的自然环境会在潜移默化中影响一个地方人民的生活方式、文化性格，进而影响其政治制度、文明类型等。的确如此，海洋塑造了英国人的民族性格，一方面给人冷漠排外、墨守成规的感觉，另一方面又给人超然物我、淡定从容的印象。英国人这种矛盾的民族性格与其政治变革相辅相成，是英国近代历史发展的文化因素。参考《大国崛起》中几个章目的标题来梳理英国的近现代史：“入侵者的熔炉：英国民族的形成”“‘离别’大陆：百年战争的终结”“强国萌芽：伊丽莎白一世与‘英格兰主义’”“‘新教革命’与‘光荣革命’”“工业革命：‘世界工厂’和‘日不落帝国’”。我们可以看到英国保守渐进、实用务实的政治和外交政策，避免了极端化给国家带来的动荡和混乱，又进一步加强英国人的民族性格的保守性。近代英国逐渐放弃了追求欧洲大陆领地的外交传统，使外交政策摆脱了宗教的影响，而推行一种追求欧洲大陆的均势，以维护国家利益为首要目的务实外交政策。“英国人讲求的是实际利益和实际效果，而不是某一条可以普遍适用的理论原则，这就是人们常说的‘实用主义’。按照英国史学家法兰克尔的解释，实用主义如果运用得准确可以帮助政策的制定者保持最大可能性的灵活性，避免由于意识形态的承诺而超过限度。”以历史的视角再看英国脱欧公投，我们就会发现欧债危机、党派争端等经济政治的纠葛只是英国脱欧的导火索，根本原因是历史关系影响下的国际战略和国家利益的选择。“英国外交的总势均是在被动中争取尽可能的主动，从不放弃表现主动性的任何机会。这种主动性，温斯顿·丘吉尔喻之为，英国这匹马的行动使人感到，即使让它纵辔而行，它也不会顺着某个方向狂奔而去。”此次英国脱欧又一次让我们见识了英国这匹野马的桀骜不驯，它以“故意选择的孤立”换取可以“按照自己意志采取行动的自由”，这个民族的实用主义历史经验的再一次发力。但反思历史，英国的“光荣孤立”是沐浴着“日不落帝国”的荣光，建立在强大的国力的基础上的，正是英国的炮舰和世界工厂的地位，使它能够对付和威吓几乎任何一个国家，今日全球化大潮中，英国国力是否还能使其在国际关系中游刃有余，我们拭目以待。

朱光潜先生说：“过去史在我的现时思想活动中才能复苏，才获得它的历史性。所以一切历史都必是现时史……着重历史的现时性，其实就是着重历史与生活的连贯。”而要真正实现这种“连贯”，就要求在认识现实社会时，能够把认识的对象置于具体的时空条件下进行“历史的”考察，尤其要以时空大视野，宏观而长时段地思考历史与现实的联系，汲取历史的经验和教训，思索现实与未来，而这也是时空观念素养的最高维度。

“历史是地理的第四维。它将时间和意义赋予地理。”历史时空观念素养是历史核心素养的基础和前提，它指引我们的历史学习与研究“融时间与空间于一体，通过回归人类经行的历程，探寻旧日的足迹及其影响”，让我们一起穿越时空，畅游历史。

本章自主学习检测

【习题示例】

1. 时间在起点——突出历史的界定

【示例1】19世纪70年代，针对日本阻止琉球国向中国进贡，有地方督抚在上奏中强调，琉球向来是中国的藩属，日本“不应阻贡”；中国使臣应邀请西方各国驻日公使，“按照万国公法与评直曲”。这说明当时（　）

A. 日本借助西方列强侵害中国权益

B. 传统朝贡体系已经解体

C. 地方督抚干预朝廷外交事务决策

D. 近代外交观念影响中国

解析：由材料“中国使臣应邀请西方各国驻日公使”可知是中国希望借助西方势力而非日本借助西方列强，故A项错误；由材料“琉球国向中国进贡”“琉球向来是中国的藩属”可知中国与琉球国为朝贡贸易，传统朝贡体系并没有解体，故B项错误；材料强调的是地方督抚的外交建议，而非干预朝廷的外交决策，故C项错误；由材料“按照万国公法与评直曲”可知地方督抚希望借助国际公法解决日本干涉中国和琉球的事务，已经具有近代外交的观念，故D项正确。

答案：D

2. 时间在中间——突出历史演进变化

【示例2】下面为西汉朝廷直接管辖的郡级政区变化表。据此可知（　）

皇帝纪年	公元纪年	郡级政区
汉高帝十二年	公元前195年	15郡
汉文帝十六年	公元前164年	24郡
汉景帝中元六年	公元前144年	68郡、国
汉武帝元封五年	公元前106年	108郡、国

A. 诸侯王国与朝廷矛盾渐趋激化

B. 中央行政体制进行了调整

C. 朝廷解决边患的条件更加成熟

D. 王国控制的区域日益扩大

解析：结合表中信息可知，汉高祖到汉武帝时期，郡级政区由15郡发展为108郡、国，这一变化反映了汉武帝颁布“推恩令”后，王国越分越小，地方郡、国数量增多，这意味着中央集权得到加强，为解决边患危机创造了条件，故C项正确；诸侯国与中央矛盾在汉武帝时期得到基本解决，故A项错误；材料未体现“中央行政体制”的变化，故排除B项；D项说法与史实不符。

答案：C

3. 空间的比较——突出当时不同地区的差异性

【示例3】下图反映了1945—1975年联合国会员国的变化情况，这表明（　）

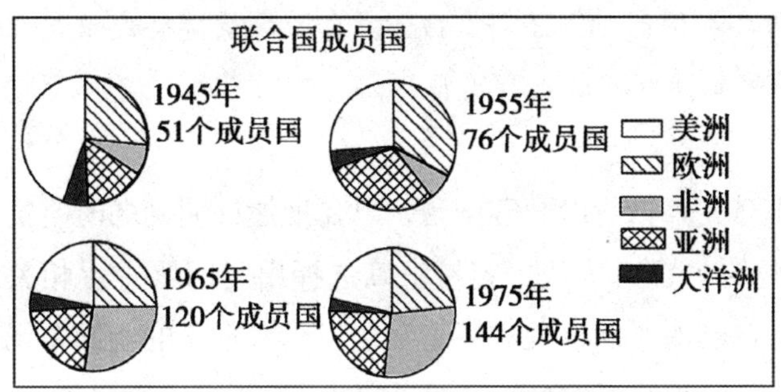

A. 第三世界发展壮大

B. 欧共体的成员增加

C. 世界贸易范围明显扩大

D. 经济区域化的趋势加强

解析：根据图中联合国会员国数量的洲际分布变化可知，1945年到1975年，亚洲和非洲成员国明显增多，而亚非国家多为第三世界国家，说明第三世界发展壮大，故A项正确；1945年到1975年欧洲成员国增加，但不能反映出欧共体成员增加，并且这也不是材料反映的主旨，故B项错误；材料反映的是联合国会员国的变化情况，与世界贸易无关，故C项错误；材料反映的是联合国会员国的变化情况，并未体现经济区域化，故D项错误。

答案：A

4. 空间的转化——借助空间特殊性掌握时间与历史

【示例4】罗马共和国时期，平民和贵族展开了长达两个世纪的斗争，斗争的成就主要体现为其间所颁布的一系列法律。恩格斯曾评论说：“氏族贵族和平民不久便完全溶化在国家中了。”这一长期斗争的结果是（　）

A. 贵族的特权被取消

B. 罗马法体系最终形成

C. 公民与贵族法律上平等

D. 自由民获得相同的权利

解析：C对，材料表明平民与贵族进行长期斗争取得的成就是颁布了一系列法律，恩格斯的“贵族和平民……完全溶化在国家中了”的意思是公民在法律上与贵族平等。A错，贵族仍然享有特权。B错，罗马法体系最终形成是在6世纪，与题干中“罗马共和国时期”不符。D错，自由民获得公民权是在罗马帝国时期，与题干中“罗马共和国时期”不符。

答案：C

由此可见，无论注释、表格、漫画等试题，只要把握好明确的时空定位，实际上就把握住了问题的主旨，也就更容易正确选择出与问题主旨相关的选项。历史的发展，既有自己的时间进程和兴衰变化，又有自己的空间布局和合纵连横，把握好时空内涵，我们可以更好掌握相应的历史脉搏。

【习题快练】

1. 1940年，美国成立了“美洲国家事务协调办公室”。采取派遣留学生、免费赠送书籍等方式介绍美国历史和文化。同时美国哥伦比亚等广播公司增加了对拉丁美洲的广播时间。《时代》《生活》等美国杂志也开始出西班牙文和葡萄牙文版。美国的这些做法旨在（　）

A. 加强与拉美的文化联系

B. 展示国家的文化软实力

C. 消除法西斯势力的影响

D. 确保在拉美的领导地位

2. 1930年，美国政府成立紧急就业委员会负责指导社会经济；1931年，成立失业救济局。此外，胡佛还提出工作制度，即公务员无薪休假一个月，以此减缓就业压力。这些措施（　）

A. 体现胡佛政府对经济进行有限干预

B. 表明新政已使全国重现繁荣的景象

C. 说明《全国工业复兴法》得到落实

D. 反映政府干预经济的理念全面贯彻

3. 20世纪70年代，面对石油价格的暴涨，苏联加大了对西方国家的石油出口，从1974年的不足4000万吨，到1979年的6920万吨。1979年石油在苏联商品出口总额中的比例已达到了34%。据此推断，当时石油出口（　）

A. 使苏联获得了冷战优势

B. 增加了苏联的人均收入

C. 推动苏联工业结构调整

D. 解决了西方的石油危机

4. 阅读材料，完成下列要求。

材料一　1696年　英国开征窗户税，法律规定：除了豁免缴纳教堂税和济贫税的人家，英格兰和威尔士其他一切有窗户的房屋每年每栋统一缴纳2先令的固定税赋。

1774年　修订法律，规定每户除缴纳固定算赋外，另按房屋的窗户数交税，拥有10~14扇窗户的房屋每扇窗户缴纳6便士，15~19扇的每扇9便士，20扇及以上者每扇1先令。

1776年　征税窗户的数目下调到7个。

1797年　将征税额提高3倍。

1845年　马修·亨伯顿向首相呈交备忘录，指出："窗户税是对光、通风和健康要钱。"

1845—1850年　以邓肯子爵为主导的一批英国人发起废除窗户税的呼吁。

1851年　窗户税最终被废除。

材料二　1884年12月13日，《伦敦新闻画报》刊登了一条推销“新世界专利”的广告，其大意是，佩戴沃尔夫清新空气呼吸器，人们甚至在冬季室内窗户紧闭时，也可以不间断地呼吸到新鲜空气。

——以上材料均摘编自严玉芳、梅雪芹《19世纪英国城市的新鲜空气诉求》

（1）采用一个新的时间尺度，对英国窗户税的发展历程进行阶段性划分，并说明划分的依据。

（2）结合材料一和所学知识，解读材料二中的广告所反映的社会现实。

5. 历史分期是通过划分历史时期研究史学的一种方法，旨在揭示不同历史时期或阶段之间的质的差别，从中发现历史发展的特点及规律。阅读材料，结合所学知识回答问题。

关于中国近代史和中国现代史的分期，是确定中国近代史学科对象的重要问题。新中国成立以后，胡绳发表文章将其限定在1840—1919年。此后，中国史学界出现了中国近代史和中国现代史的明确分界，分界线就是1919年发生的五四运动。但范文澜等学者提出，按照社会性质，中国近代史应该包含1840—1949年的整个时期。

——摘编自张海鹏《中国近代史和中国现代史分期应以1949年为界》

（1）如果以五四运动为中国近代史和现代史的分界线，这两个历史时期的中国革命有何区别？简要说明五四运动的历史意义。

（2）如果以1949年新中国成立为中国近代史和现代史的分界线，这两个历史时期的中国社会性质有何“质的差别”？请从现代化的角度简要说明新中国成立的历史意义。

（3）台湾史学界多数人主张把1911年的辛亥革命作为中国近代史和现代史的分界线，简要分析其原因。

第三章　史料实证

史料实证是指对获取的史料进行辨析，并运用可信的史料努力重现历史真实的态度与方法。历史过程是不可逆的，认识历史只能通过现存的史料。要形成对历史正确的、客观的认识，必须重视史料的搜集、整理和辨析，去伪存真。历史研究必须遵循史由证来、证史一致、论从史出、史论结合的原则，坚持有一分材料说一分话。

【课标要求】

知道史料是通向历史认识的桥梁，了解史料的多种类型，掌握搜集史料的途径与方法；能够通过对史料的辨析和对史料作者意图的认知，判断史料的真伪和价值，并在此过程中增强实证意识；能够从史料中提取有效信息，作为历史叙述的可靠证据，并据此提出自己的历史认识；能够以实证精神对待历史与现实问题。

【目标解读】

（1）史料实证是学习历史和认识历史所特有的思维品质，是理解和解释历史的关键能力与方法。

（2）人类对历史的认识和研究离不开史料。我们通常说的史料，是指那些人类社会历史在发展过程中所遗留下来的，并帮助我们认识、解释和重构历史过程的痕迹。史料是中学历史教学的必要前提和基础。

（3）史由证来，论从史出。史料实证要让学生懂得论从史出，懂得历史需要用证据说话，懂得鉴别史料的真伪和不同来源及价值，并适当规范地引用、运用史料，使其服务于对问题的解释并表达自己对问题的独立见解，培养证据意识，从而探寻接近历史的真相。

一、什么是史料

【原典阅读】

史料为史之组织细胞，史料不具或不确，则无复史之可言。史料者何？过去人类思想行事所留之痕迹，有证据传留至今日者也。思想行事留痕者本已不多，所留之痕又未必皆有史料的价值。有价值而留痕者，其丧失之也又极易。因必有证据，然后史料之资格备。证据一失，则史料即随而湮沈。而证据散失之涂径甚多，或由有意隐匿，例如清廷之自改实录；或由有意蹂躏，例如秦之烧列国史记；或由一新著作出，而所据之旧资料遂为所淹没，例如唐修《晋书》成，而旧史十八家俱废；或经一次丧乱，而大部分史籍悉沦没，如牛弘所论“书有五厄”也；或孤本孤证散在人间，偶不注意，即便散亡，斯则为例甚多，不可确举矣。要而言之，往古来今之史料，殆如江浪淘沙，滔滔代逝。盖幸存至今者，殆不逮吾侪所需求之百一也。其幸而存者，又散在各种遗器、遗籍中，东鳞西爪，不易寻觅。即偶寻得一二，而孤证不足以成说，非荟萃而比观不可。则或费莫大之勤劳而无所获。其普通公认之史料又或误或伪，非经别裁审定，不堪引用。又斯学所函范围太广，各人观察点不同，虽有极佳良现存之史料，苟求之不以其道，或竟熟视无睹也。合以上诸种原因，故史学较诸他种科学，其搜集资料与选择资料实最劳而最难。史学成就独晚，职此之由。

时代愈远，则史料遗失愈多而可征信者愈少，此常识所同认也。虽然，不能谓近代便多史料，不能谓愈近代之史料即愈近真。例如中日甲午战役，去今

三十年也，然吾侪欲求一满意之史料，求诸记载而不可得，求诸耆献而不可得。作史者欲为一翔实透辟之叙述，如《通鉴》中赤壁、淝水两役之比，抑已非易易。例如二十年前，“制钱”为国家唯一之法币，“山西票号”管握全国之金融，今则此两名辞久已逸出吾侪记忆线以外，举国人能道其陈迹者，殆不多觏也。一二事如此，他事则亦皆然。现代且然，而远古更无论矣。

——梁启超：《中国历史研究法》

【阅读解析】

史料即历史资料或历史材料，是学习和研究历史的基本素材。史料是接近历史真实的重要途径。史料对于史学研究来说具有重要作用，只有收集了大量的、全面的史料，通过具体分析，才可能得出正确的认识和结论。

收集史料首先要做到详细具体，广泛阅读，及时补充、积累。收集史料还必须具备发现意识，能够随时洞悉相关素材中蕴含的历史信息、历史价值。史料收集还要具有客观性，广泛收集，理性客观。

二、史料的分类

【原典阅读】

第一节　直接史料对间接史料

史料在一种意义上大致可以分为两类：一、直接的史料；二、间接的史料。凡是未经中间人手修改或省略或转写的，是直接的史料；凡是已经中间人手修改或省略或转写的，是间接的史料。《周书》是间接的材料，毛公鼎则是直接的；《世本》是间接的材料（今已佚），卜辞则是直接的；《明史》是间接的材料，明档案则是直接的。以此类推。有些间接的材料和直接的差不多，例如《史记》所记秦刻石；有些便和直接的材料成极端的相反，例如《左传》《国语》中所载的那些语来语去。自然，直接的材料是比较最可信的，间接材料因转手的缘故容易被人更改或加减；但有时某一种直接的材料也许是孤立的，是例外的，而有时间接的材料反是前人精密归纳直接材料而得的：这个都不能一概论断，要随时随地地分别着看。

……

第二节　官家的记载对民间的记载

官家记载和私家记载的互有短长处，也是不能一概而论的。大约官书的记载关于年月、官职、地理等，有簿可查有籍可录者，每校私记为确实；而私家记载对于一件事的来龙去脉，以及“内幕”，有些能说官书所不能说，或不敢说的。但这话也不能成定例，有时官书对于年月也很会错的，私书说的“内幕”更每每是胡说的。我们如想作一命题而无违例，或者可说，一些官家凑手的材料，及其范围内之记载，例如表，志，册子，簿录等，是官家的记载好些，而官家所不凑手或其范围所不容的材料，便只好靠私家了。不过这话仿佛像不说，因为好似一个“人者人也”之循环论断，我们还是去说说他们彼此的短处罢。

官家的记载时而失之讳。这因为官家总是官家，官家的记载就是打官话。好比一个新闻记者，想直接向一位政府的秘书之类得到一个国家要害大事之内容，如何做得到？势必由间接的方法，然后可以风闻一二。

私家的记载时而失之诬。人的性情，对于事情，越不知道越要猜，这些揣猜若为感情所驱使，便不知造出多少故事来。史学的正宗每每不喜欢小说。《晋书》以此致谤；《三国志注》以此见讥。建文皇帝游云南事，明朝人谈得那样有名有姓，有声有色，而《明史》总只是虚提一笔。司马温公的《通鉴》虽采小说，究竟不过是借着参考，断制多不从小说；而他采赵飞燕外传的“祸水”故事，反为严整的史家所讥。大约知道一件事内容者，每每因自己处境的关系不敢说，不愿说，而不知道者偏好说，于是时时免不了胡说。

……

第三节　本国的记载对外国的记载

本国的记载之对外国的记载，也是互有短长的，也是不能一概而论的。大致说起，外国或是外国人的记载总是靠不住的多。传闻既易失真，而外国人之了解性又每每差些，所以我们现在看西洋人作的论中国书，每每是隔靴搔痒，简直好笑，然而外国的记载也有他的好处，他更无所用其讳。承上文第二节说，我们可说，他比民间更民间。况且本国每每忽略最习见同时却是最要紧的事，而外国人则可以少此错误。譬如有一部外国书说，中国为蓝袍人的国（此是几十年前的话），这个日日见的事实，我们自己何尝觉到呢？又譬如欧美时装女子的高跟鞋，实与中国妇女之缠足在心理及作用上无二致，然而这个道理我们看得明显，他们何尝自觉呢？小事如此，大者可知。个人的自记是断不能客观的，一个民族的自记又何尝不然？本国人虽然能见其精细，然而外国人每每能见其纲领。显微镜固要紧，望远镜也要紧。测量精细固应在地面上，而一举得其概要，还是在空中便当些。这道理太明显，不必多说了。

……

第四节　近人的记载对远人的记载

这两种记载的相对是比较容易判别优劣的。除去有特别缘故者以外，远人的记载比不上近人的记载。因为事实只能愈传愈失真，不能愈传愈近真，譬如李心传的《建炎以来系年要录》，其中多有怪事，如记李易安之改嫁，辛稼轩之献谀，文人对此最不平，我也曾一时好事将此事记载查看过一回，觉得实在不能不为我们这两位文人抱冤。这都由于这位作者远在西蜀，虽曾一度参史局，究未曾亲身经验临安的政情文物；于是有文书可凭者尚有办法，其但凭口传者乃一塌糊涂了。这个情由不待举例而后明。

第五节　不经意的记载对经意的记载

记载时特别经意，固可使这记载信实，亦可使这记载格外不实，经意便难免于有作用，有作用便失史料之信实。即如韩退之的《平淮西碑》，所谓“点窜尧典舜典字，涂改清庙生民诗”者，总算经意了罢；然而用那样诗书的排场，那能记载出史实来？就史料论，简直比段成式所作的碑不如。不经意的记载，固有时因不经意而乱七八糟，轻重不衬，然也有时因此保存了些原史料，不曾受“修改”之劫。

例如《晋书》《宋史》，是大家以为诟病的。《晋书》中之小说，《宋史》

中之紊乱，固是不可掩之事实；然而《晋书》却保存了些晋人的风气，《宋史》也保存了些宋人的传状。对于我们，每一书保存的原料越多越好，修理的越整齐越糟。反正二十四史都不合于近代史籍的要求的，我们要看的史料越生越好！然则此两书保存的生材料最多，可谓最好。《新五代》《史记》及《明史》是最能锻炼的，反而糟了。因为材料的原来面目被他的锻炼而消灭了。班固引时谚曰："有病不治，常得中医"。抄账式的修史，还不失为中医，因为虽未治病，亦未添病，欧阳《五代》《史记》的办法，乃真不了，因为乱下药，添了病。

第六节　本事对旁涉

本事对旁涉之一题，看来像是本事最要，旁涉则相干处少，然而有时候事实恰恰与此相反。因为本事经意，旁涉不经意，于是旁涉有时露马脚，而使我们觉得实在另是一回事，本事所记者反不相干矣。有时这样的旁涉是无意自露的，也有时是有意如此隐着而自旁流露个线索的，这事并不一样。也有许多既非无意自露，又非有意自旁流露，乃是考证家好作假设，疑神疑鬼弄出的疑案。天地间的史事，可以直接证明者较少，而史学家的好事无穷，于是求证不能直接证明的，于是有聪明的考证，笨伯的考证。聪明的考证不必是，而是的考证必不是笨伯的。

史学家应该最忌孤证，因为某个孤证若是来源有问题，岂不是全套议论都入了东洋大海呢？所以就旁涉中取孤证每每弄出"亡是公子""非有先生"来。然若旁涉中的证据不止一件，或者多了，也有很确切的事实发见。举一例：汉武帝是怎么样一个人，《史记》中是没有专篇的，因为"今上本纪"在西汉已亡了。然而就太史公东敲西击所叙，活活的一个司马迁的暴君显出来，这虽不必即是真的汉武帝，然司马子长心中的汉武帝却已借此出来了。

第七节　直说与隐喻

我们可说，这只是上节本事对旁涉的一种；不过隐喻虽近旁涉，然究不可以为尽等于旁涉，故另写此一节。凡事之不便直说，而作者偏又不能忘情不说者，则用隐喻以暗示后人。有时后人神经过敏，多想了许多，这是常见的事。或者古人有意设一迷阵，以欺后人，而恶作剧，也是可能的事。这真是史学中最危险的地域呵！

……

第八节　口说的史料对著文的史料

此一对当，自表面看来，我们自然觉得口说无凭，文书有证，其优劣之判别像是很简单的。然而事实亦不尽然。笔记小说虽是著于文字的材料，然性质实在是口说，所以口说与著文之对当在此范围内，即等于上文第二节所论列，现在不须再说，但说专凭口说传下来的史料。

专凭口说传下来的史料，在一切民族的初级多有之。《国语》（《左传》一部分材料在内）之来源即是口说的史料，若干战国子家所记的故事多属于此类。但中国的文化，自汉魏以来，有若干方面以文字为中心。故文字之记载被人看重，口说的流传不能广远；而历代新兴的民间传说，亦概因未得文人为之记录而失遗。宫帏遗闻，朝野杂事，每不能凭口说传于数十年之后，反观古昔无文字之民族，每有巫祝一特殊阶级，以口说传史料，竟能经数百年，未甚失其原样子者。（《旧约》书之大部分由于口传，后世乃以之著史。）故祝史所用之语，每非当时之普通语言，而是早若干时期之语言。此等口传的史料，每每将年代，世系，地域，弄得乱七八糟，然亦有很精要的史事为之保留，转为文书史料所不逮。汉籍中之《蒙古源流》，即其显例也。

古代及中世之欧洲民族所有之口传史料，因文化之振兴及基督教之扩张而亡遗，独其成为神话作为诗歌者，以其文学之价值而得幸存，然已非纯粹之口传史事矣。近代工业文明犹是，扫荡此等口传文学与史事者，幸百年之前，德俄诸国已有学者从事搜集，故东欧、西亚之此等文学与史料，尚借此著于文字者不少，而伊兰、高加索、斯拉夫封建之故事，民族之遗迹，颇有取资于此，以成今日史事知识者焉。

——傅斯年：《史料论略及其他》

【内容简析】

历史学家漆侠先生对傅先生的论述进行了系统的整理与介绍。

（1）直接史料对间接史料："凡是未经中间人手修改或省略或转写的，是直接的史料；凡是已经中间人手修改或省略或转写的，是间接的史料……《明史》是间接的材料，明档案则是直接的。"

（2）官家的记载对民间的记载："大约官书的记载关于年月、官职、地理等等、有簿可查有籍可录者，每校私记为确实；而私家记载对于一件事的来龙去脉以及'内幕'，有些能说官书所不能说，或不敢说的。"

（3）本国的记载对外国的记载："外国的记载……他更无所用其讳"，"本国每每忽略最习见同时却是最要紧的事，而外国人则可以少此错误"，所以虽《马可·波罗行记》"那样糊涂荒谬、乱七八糟的记录，仍不失为世上第一等史料"。

（4）近人的记载对远人的记载：远人记载多半是传闻之词。

（5）不经意的记载对经意的记载：不经意的记载，或者更进一步说无意的记载，其史料之真实性比起有意史料更加值得重视。

（6）本事对旁涉："看来像是本事最要，旁涉则相干处少，然而有时候事实恰恰与此相反。因为本事经意，旁涉不经意，于是旁涉有时露马脚。"

（7）直说与隐喻："这只是上节本事对旁涉的一种，不过隐喻虽近旁涉，然究不可以为尽等于旁涉"："凡事之不便直说，而作者偏又不能忘情不说者，则用隐喻以暗示后人"。

（8）口说的史料对著文的史料：很多文字史料是从传说史料来的。《金史》的"世纪"记载女真先代从始祖函普至完颜阿骨打。金建国后才有文字，这一段一定是追述的，但没有别的史料可代替，还是可信的，是金建国前最宝贵的材料。《元朝秘史》也是如此。

荣孟源先生在《史料和历史科学》一书中对史料也进行了详细的分类，即按形式可分为四类：第一类是书报；第二类是文件；第三类是实物；第四类是口碑。若按史料的性质分类，则可分为原始史料、撰述史料、文艺史料和传抄史料四类。

翦伯赞先生则在《史料与史学》中，将史料分为考古学上的史料与文献学上的史料。还有人将史料分为文字史料、口述史料、实物史料、图像史料和声音史料。历史学家对史料的划分虽然有所不同，但史料的类型是多样的，其中最主要也最习见的是文献资料，这是没有疑义的。翦伯赞还认为："因为杂史不向政府送审，没有政治的限制，能够尽量地暴露事实的真相。所以有时在一本半通不通的杂史或笔记中，我们可以找到比正史更可靠的史料。"

通常，可从不同的角度对史料进行分类。

一、按照史料呈现的形式分类，一般分为文字史料、实物史料、口碑史料和民俗史料

1. 文字史料：一切以文字形式记录的资料。

（1）种类。

①以纸张为载体的：官私史书、文书档案、地方史志、传记谱牒、文集日记、野史笔记，书籍、报纸、杂志、信件等。

②以电子媒介为载体的：电子邮件、跟帖、QQ及微信聊天记录等。

（2）价值。

最主要的史料载体，使文化知识得以留传后世。

（3）局限性。

①文字资料无法反映前文字阶段的人类历史。

②往往受到个人因素（个人立场、个人修养、感情好恶）、政治因素（政治权势篡改历史）、时代因素（研究方法、角度）的影响，致使文献记载中出现错误，需要综合分析各种史料，进行比较分析、去伪存真，发现、探索历史真实。

③文学作品能反映作者生活时代的特征，可作为史料，但要注意甄别。

2. 实物史料（史迹遗存）：历史上遗留下来的各种物件。

（1）种类：遗迹、遗址、遗物、出土文物、图片、照片等。

（2）价值。

①实物资料是历史的见证和历史知识的可靠来源，既能比较真实地反映历史，又具有形象直观性，因而比文字资料更直观、可靠。

②它在断代上具有数据的精确性，是重现前文字阶段人类历史的最重要依据。

③丰富了对文字产生以后的人类历史的认识，与文史资料相互参证，从差

异中寻找历史的真实，能够印证、充实、纠正文字资料。

（3）局限。

①实物史料多为片断性的，它们可能只是很小的一个碎片，并非能够反映历史的全貌和原貌。

②需要历史实物与文献资料、遗迹等其他各种历史资料进行综合印证、相互补充。比如对有些器物，人们目前只能猜测它们的意义，并不能作出准确的判断。

3. 口碑史料：口碑史料或口述史料，指口头讲述并被记录下来的资料。

（1）种类：神话、传说、故事、史诗、俗谚、遗训、录音、回忆录、对话录、采访记、座谈录等。

（2）价值。

①口述史料可以与文字、实物、图像等史料相互印证，弥补史料的不足。

②多用于现代史的研究，通过尚在人世的当事人的口述而获得对历史更直接深入的了解。

（3）局限。

①经过一代又一代人的传承，口述资料会与本来面貌有较大差距，当事人回忆也难免不准确或不全面（受到当事人的记忆能力、情感、价值判断等因素的影响）。

②在史诗、神话、传说、故事当中，也会有大量创造和虚构的情节。

4. 民俗史料：历史上曾经存在过、且至今仍旧保存在人们生活中的社会风俗、民间习惯、文化传统等。民俗史料具有鲜活性、直观性、信息丰富性，是一种活的史料；但要注意其继承性、变异性。

二、按照史料的价值分类，一般分为直接史料（第一手史料）和间接史料（第二手史料）

直接史料是指第一手史料，即未经中间人修改或者省略或转写的史料（也叫原始资料，那个时代留下来的材料，特别是当事人和目击者提供的史料）。

间接史料是指第二手史料，即已被中间人修改或省略转写的史料。

直接的材料是比较可信的，间接材料因转手的缘故容易被人更改或加减，但有时某一直接的材料也许是孤立的、例外的，而有时间接的材料反而是前人仔细归纳直接材料而得的，这个都不能一概而论，要随时随地地分别看待。

两者与文献、实物、口述三类史料的关系：①实物史料一般都是第一手的；②文献史料中第二手的居多；③口述史料辗转相传，更需要仔细甄别。

三、按照史料形成的方式分类，主要分为有意史料和无意史料

西方史学家马克·布洛赫把史料分成“有意”和“无意”两大类。前者指成文的历史著述、回忆录和公开的报道等，这类史料的原作者大都“有意”想以自己的文字左右时人和后人的视听；后者指原属过去历史事物的一部分而遗留至今的，从其最初形成就不以讲授历史为目的，而是因别的目的或原因形成的，给人们无意中提供了可靠的历史信息和知识的那些史料。布洛赫把那些最能提示当时内情，不为后人着想而写就的资料称为“客观的目击证据”，认为它有可能提示历史真相。

有人把这种无意史料也叫作“遗留性史料”，而把那些有意记录下来的史料称为“记叙性史料”。

无意史料可以分为三类。

第一类为“实物遗留”，如古建筑物、生活用品、生产工具、艺术品、货币、人体遗留（骨骼、牙齿、头发等）。

第二类为“抽象遗留”，如口传材料反映的法律和行政情况、风俗习惯、语言、居民区域名或地籍名称等。

第三类为“文字遗留”，指的是因当时的公共或个人需要所产生的那些文字资料，即那些公共的、法律的、政治的、经济的或私人的文件，但不包括以给当代或后世讲授历史为目的的文字材料，比如诏令敕诰、法规法典、各种条约协定、各种证件证书、公务信函、法律和行政管理文件、谈判或审讯记录以及账簿等。它还包括部分私人文件，比如私人信件、科学著作、交谈记录等。只要它们是能够提供关于一个历史事件的过程或状态的信息与知识，而且其作者当时决没有意识到这一点，都可以称为“文字遗留”。

在这种无意的史料中，最值得注意的是文学作品（包括诗、词、赋、曲、戏剧等）。“存在决定意识”，文学艺术作为上层建筑、意识形态的一个组成部分，虽然只是曲折地反映它所借以树立起来的基础——社会经济制度，但这种反映却往往是逼真的、确凿的，尤其是经过筛选、取舍后，就更加如此。因此人们能从这种反映中理解和认识到当时社会的真面目，从而取得大量有用的材料。很早以来，史学工作者就知道从无意的史料中，即从文学艺术作品中寻觅资料，以获得更丰富的营养。其中最值得称述的是陈寅恪先生，他提出“以史证诗”“以诗证史”的方法，并写出了《元白诗笺证稿》《柳如是别传》等诗史互证的代表著作，使史和诗的理解与认识都更上一层楼。

有意史料是对历史的记述，其中贯穿着作者的目的、立场、观点、感情以及编撰水平等众多的主观和客观因素，这类史料是人类有意识地记述历史活动的产物，作者的目的就是让当代和后世之人了解历史，所以他的报道是有意识的。有意史料分两种：一种是口头叙述，包括神话、传说、历史歌谣、口传的世系、历史故事等；另一种是书面记述，包括各种体裁的史书，诸如编年史、纪传体史书、纪事本末体史书、实录、起居注、方略、地方志等，还有墓志铭、碑文、自传、回忆录以及报纸杂志等。

有意史料虽然具有相当的价值，但在历史研究者看来，无意史料更为可靠。若仅仅依靠“有意”的史料，当代史学家就会成为前人思想的奴隶，成为旧时代偏见的牺牲品。例如中国古代史书记载的大多是帝王将相的政治史，而对于乡村的历史记录很少，如果现代人研究历史不注意社会生活史中的“无意”史料，便很难还原一个完整的中国古代社会。无意的史料可以帮助后人考辨历史的真伪，填补历史的空白。当然，并不等于说这类史料是完全可靠的，但至少其制造者在主观上并未想到欺骗世人或影响后代史学家的看法。

作伪是人性中的一大缺陷。这就为后人了解历史真相设下层层雾障，留下了许多千古之谜。随着史学的进步，史学家已日益注重“无意”的史料，自觉地抵制“有意史料”的束缚，用敏锐的眼光发现无意史料，寻求真历史。布洛赫认为，尽管“无意”的史料也难免掺杂欺骗，但至少不是有意识地欺骗后人，因而，历史学家首先应当重视的，就是那些“无意”的史料。他说：“如果允许偷听的话，我们总会竖起耳朵倾听人们不打算说出来的东西。”

把史料分成有意的与无意的两大类，确实高明，因为它充分估计到了史料形成的复杂性，并把作者的动机视为鉴别史料可靠性的根本尺度，这也符合马克思主义史学阶级分析法的要求，能使人们始终对史料中的阶级偏见、政治管见保持足够的警惕。

三、获取史料的途径

【原典阅读】

得史料之涂（途）径，不外两种：一曰在文字记录以外者；二曰在文字记录者。

（一）在文字记录以外者。此项史料之性质可略分为三类：曰现存之实迹；曰传述之口碑；曰遗下之古物。

甲现存之实迹及口碑。此所谓实迹，指其全部现存者。质言之，则现代史迹，现在日日所发生之事实，其中有构成史料价值者之一部分也。

……采访而得其口说，此即口碑性质之史料也。司马迁作史多用此法，如云："吾如淮阴，淮阴人为余言……"（《淮阴侯列传赞》）如云："吾视郭解，状貌不及中人，言语无足采者。"（《游侠列传赞》）凡此皆用现存之实迹或口碑为史料之例也。

乙实迹之部分的存留者。前项所论，为实迹之全部，盖并其能活动之人与所活动之相皆具焉。本条所谓实迹者，其人与相皆不可得见矣，所留者仅活动制成品之一种委蜕而已。求诸西洋，例如埃及之金字塔及塔中所藏物，得此而五六千年前之情状略可见焉；如意大利之三四名都，文艺复兴时代遗物触目皆是，此普遍实迹之传留者也。……我国人保存古物之念甚薄，故此类实迹能全者日稀，然亦非绝无。试略举其例：如万里长城一部分为秦时遗物，众所共见也。如始皇所开驰道，参合诸书，尚能察其路线，而二千年来官驿之一部分多因其旧。如汉通西域之南北两道，虽中间一段沦于沙漠，而其沿袭至今者十尚六七。凡此之类，殆皆非人力所能湮废，而史家永世之宝也。又如今之北京城，其大部分为明永乐四年至十八年（西一四〇五至一四二〇）间所造，诸城堞宫殿乃至天坛、社稷坛等皆其遗构。十五世纪之都会，其规模如此其宏壮而又大段完整以传至今者，全世界实无此比。此外各地方之城市，年代更古者尚多焉……

丙已湮之史迹其全部意外发现者。此为可遇而不可求之事，苟获其一，则禅益于史乃无量。其最显著之例，如六十年前意大利拿波里附近所发见之邦澳（今译庞贝）古城，盖罗马共和时代为火山流焰所盖者，距今垂二千年矣。自此城发现后，意人发掘热骤盛，罗马城中续得之遗迹相继不绝，而罗马古史乃起一革命，旧史谬误匡正什九。……

丁原物之宝存或再现者。古器物为史料之一部分，尽人所能知也。器物之性质有能再现者，有不能再现者。其不能再现者，例如绘画、绣织及一般衣服、器具等，非继续珍重收藏不能保存。在古代未有公众博物院时，大抵宫廷享祚久长贵族阀阅不替之国，恒能护传此等故物之一部分。……其能再现者，则如金石陶甋之属，可以经数千年瘗土中，复出而供吾侪之研索。试举其类：（1）曰殷周间礼器。……（2）曰兵器。……（3）曰度量衡器。……（4）曰符玺。……（5）曰镜属。……（6）曰货币。……（7）曰玉石。……（8）曰陶瓷。……（9）曰瓦砖。……（10）曰地层中之石器。……史学家之研究，贵概括的而横通乎该物之外。吾前所论列，已略示其端倪，若循此而更进焉，例如当其研究铜器也，则思古代之中国人何以特精范铜而不能如希腊人之琢石；当其研究瓷器也，则思中古之中国人何以能独擅窑塞而不能如南欧人之制玻璃，凡此之类，在归纳诸国民活动状况中，悉心以察其因果，则一切死资料皆变为活资料矣。凡百皆然，而古物其一端耳。

戊实物之模型及图影。实物之以原形原质传留至今者，最上也。……

（二）文字记录的史料。前项所论记录以外的史料，时间空间皆受限制。欲作数千年之史，而记述又亘于社会之全部，其必不能不乞灵于记录明矣。然记录之种类亦甚繁，今当分别论列之。

甲旧史。旧史专以记载史事为职志，吾侪应认为正当之史料，自无待言。……

乙关系史迹之文件。……

丙史部以外之群籍。……

丁类书及古逸书辑本。……

戊古逸书及古文件之再现。……

己金石及其他镂文。……

庚外国人著述。……

——梁启超：《中国历史研究法》

【内容简析】

从哪里找史料？何成刚等人编写的《智慧课堂：史料教学中的方法和策略》一书介绍了《史记》中史料的四个来源：第一个来源是书籍。凡汉代以前古书，司马迁无所不采，经书、国语、国策、楚汉春秋、诸子、骚赋等都是他写史的重要材料。第二个来源是国家档案。司马迁担任太史公，可以见到档案资料。第三个来源是见闻。从见闻和交游中获取秦汉史事的一些材料。第四个来源是自身游历。史家足迹遍及全国，登涉名山大川，访求历史遗迹。

中学历史学习该怎样获取史料？

第一，要拓展视野，从历史专业著作中查找史料。要从权威历史专著中找一些典型的史料以促进历史学习。例如学习中国近代史，就可以从郭廷以的《近代中国史纲》、陈旭麓的《近代中国社会的新陈代谢》、茅海建的《天朝的崩溃》、徐中约的《中国近代史》等著作中查找相关历史素材。

第二，要充分运用发掘教材中提供的相关史料。注意相关摘选文字、数字、图片等。

第三，在信息时代要注重利用网络资源查找史料。采用关键词搜索等方式查找相关史料。还可以阅读电子书籍，优选素材。但网上获得的素材一定要充分鉴别真伪和准确性。

第四，在一些高考试题或一些历史专题研究论文中撷取史料。

第五，在生活中提取、收集史料。观看影视素材，游览历史遗迹，阅读地方史志，了解民俗传说等，随时注意收集史料。

普通高中《课程标准》设置了“史料研读”的选修课程，把史料分为五大类：文献史料、实物史料、口述史料、图像史料和现代音像史料。

四、选取史料的原则

【原典阅读】

任何一种史料，都不是完全可信，里面可能有错误，可能有虚伪，可能有私人的爱憎，可能有地方及民族的成见，不经精密的考证，即笃信不疑，后患实无穷无尽。

——杜维运：《史学方法论》

【内容简析】

史料选取的原则如下：

一是多样性原则。史料的形式包括历史文献、摘录、历史地图、统计资料、历史图片、艺术作品、名言警句、诗词楹联、民间传说、照片邮票、漫画插图等。将各种形式的史料结合起来使用，会使课堂教学活泼有生气，充分体现出历史的多彩多姿、博大精深，使学生感受到历史是活生生的，能够深入历史，培养“史由证来，论从史出”的证据意识。

二是孤证不立原则。在辨析史料时，必须具备“偏见原则”，采用不同角度的史料来分析历史。学生认识到文献史料是过去人们对某一事物的认识，不可能完全做到客观公正，很多史料是写史料的人站在自己的立场上发表观点，从而受到时代、社会、情感、经验的左右。究竟谁的说法可信，因为叙述人的立场不同，要作出最后的结论还需要其他材料佐证。

三是凸显本质原则。材料应能全面反映所考察的历史现象，揭示问题本质，确保“论从史出”的科学性。

选取史料的主要方法如下：

（1）根据学习内容来选取史料。史料浩渺，难以穷尽，尤其是网络资源十分丰富的前提下，依据教学内容精选史料，使得学生在有限的时间里通过这些精选的史料学习历史，显得非常必要而且重要。

（2）对相关史料进行摘引与转述。运用历史资料的基本方法是摘引、转述，或两者的结合。由于历史文献的文字艰深，教学时间又有限，要采用长篇引述的办法是不可行的。较可行的方法，一是对那些易于知晓但散见于各处的文献资料，用“摘引”的方法，将有关的文字资料撷出放在一起去说明相应的问题；二是对那些文字难懂且篇幅较长的文献，宜采用“转述”的办法，即将其内容用通俗易懂的话介绍给学生；三是在一般情况下运用文献资料大都是摘引和转述两者结合的形式。

（3）选择大众化史料。这些史料一般经过史家考证，大多被认为是可靠的，同时也是非常典型的史料，能说明主要的历史现象与历史问题。

五、史料学与考古学的结合

【原典阅读】

清朝前期重视整理古经古书，清朝后期则重视整理古器古物，这样就逐渐把史料学同考古学结合起来了。

……

关于如何把史料同考古学结合进行，我们分别说说。

玉器。……

印。……

第三，封泥。……山东人吴式芬，著有《封泥考略》。作者得到了许许多多的古印印泥，加以考察研究之后，弄清楚了古代官吏制度。

第四，符。虎符，是铜质虎形的凭证。……研究古符，也是通过古物以考古代历史。

第五，节。节和符有其相同之处。古之帝王派出使者的时候，就把信写在节上。节是用铜制造的……

第六，陶器。……考证古史，就不能忽略对于古陶器的研究。

第七，碑与墓志铭。……这些铭文，就是这一史事的物证，是可靠的文字证明。

第八，石刻、画图、文字。……不用说，古石刻文字、古石刻画、古石刻图，对于研究古代史，都是富有价值的。

第九，书画。……中国工笔画中，最有名的古画是《清明上河图》。作者张择端，是北宋人。此画画的是北宋时代的都城汴梁（开封）的城内外风景及运河边上的情景。宋代的京城也叫东京开封府，是水陆枢纽。这时，有汴河、蔡河、五丈河、金水河等水道，以沟通南方经济富庶区和山东与西安各地。有些街道十分繁华，有些大街是沿着河道形成的。

《清明上河图》是一个长的画卷。图中描绘了自郊区，经城区，汴河的两岸风光。有农田、村舍、酒店，有河中船只与纤夫。行人、骡马熙熙攘攘。卷上画的“虹桥”，桥上桥下，人群接踵。有饮食摊、刀剪摊、杂货摊，有茶座，有酒店。图中人物有数百之多，有卖花的，有卖剪刀的，有卖弓的，有卖卦的等各类人物的形象。在街上的行人中，有穿短衣的劳动者，有骑马的官员，有乘轿的仕女，表现了宋代社会的风俗。宋画表现风俗的多。

这一画卷共有五米多长。由于它是北宋的风俗画，因而就不仅具有很高的艺术价值，也有极高的研究历史的价值。

第十，织锦刺绣。……见到这些古物，有助于考察历史。

第十一，古代档案。毫无疑问，古代的档案是研究历史的重要依据。……

总起来我们可以说，研究历史的史料学和考古学必须结合好，要求考古学家和史学家配合得好，要把古代留存于今世的各种古物、各种史料，一一加以考证。古玉也好，古节也好，古陶也好，古碑古铭也好，古石刻也好，古书古画也好，直到古代存档，都需要有更多专门的人、专门家、专门学者来进行研究，并跟史学研究紧密结合。

可以看出来，历史的研究，一代比一代有更多的发展进步。

——顾颉刚：《中国史学入门》

【内容简析】

著名历史学家顾颉刚先生特别强调将考古成果运用到历史研究中，将史料学与考古学结合。他强调，通过对实物史料的研究和观察，我们不但能知道人类本身是如何一步步由古人进化为现代人，人们在各种社会形态里又是如何生产、生活的，而且我们还可以检验出各类文字资料记载的可信程度。因此，实物史料是研究历史的第一手资料，它对于揭示上古史的真相具有重大价值。一般说来，这类史料大都可补秦汉以前书面资料之不足，于上古史事、文献的考证最为有用，往往可收到书证、理证所不能收到的效果。顾颉刚在接触到罗振玉、王国维等人关于甲骨文的考释著作，接触到敦煌佚籍、北邙明器这类实物史料后，更加认识到实物史料对历史研究的意义。他说："我知道要建设真实的古史，只有从实物上着手的一条是大路。"

1966年1月13日，顾颉刚先生续谈考古，再次强调要重视实物史料：一要重视古钱币，看到商业经济的发展。二要重视古书的研究，要研究国史馆的记载，要研究类书，要研究地方志、家谱等。三要重视古生物学研究，考古学家、古生物学家的研究成果都是珍贵的历史资料。

顾颉刚先生将史料学与考古学结合的理论提示我们，在历史学习和历史教学的过程中，一定要积极运用新的考古成果，让史料更丰富，让历史研究更科学。

六、实证意识

【原典阅读】

实证主义的创始人奥古斯特·孔德主张：研究任何事物，都应当从实证的（具体的、确实的、可以检验的）事实材料出发，而不应当从抽象的和先验的材料出发。实证主义反对空洞的哲学玄想，重视对具体材料的发掘、观察、实验和比较，强调人们对外界的经验和感觉，提倡对事物先进行分析再做出判断。

——韩震：《历史观念大学读本》

奥古斯特·孔德对"实证"作了六点规定：

第一，它指的是现实的，与空想和玄想相对立；第二它表示有用，与空洞、无用、脱离生活实践相对立；第三，它表示"确实的"，与虚构和抽象相对立；第四，是正确的，与错误、暧昧和模糊相对立；第五，是积极或建设性的，与消极、否定、静止、孤立相对立；第六，是相对的，与绝对的相对立。

——韩震：《历史观念大学读本》

【内容简析】

实证是一种思维方法的革命。实证主义虽然兴起于19世纪，但却是对16世纪以来自然科学重视观察和实验、追求知识的确定性、反对空洞荒诞的中世纪哲学的成果总结。

孔德认为，以往的历史哲学往往都是以感觉经验之外的东西为探讨的对象，因而它们都是形而上学的。

哲学应当以“实证的事实”为依据。所谓“实证的事实”，即经验事实，是指可以在经验中观察到的无可置疑的事实。

历史是根据文献建立起来的，没有文献就没有历史。历史学家的任务就是通过直接观察的方法确定史实也即“实证的事实”，再从史实中归纳出一定的规律。

孔德认为人不能获得绝对的知识，应把思想集中于现象的规律的研究上，找出各种事物外部的相似性和顺序性。他像自然科学家对待自然规律那样对历史学的科学性充满了信心。

实证主义史学家深信在准确而丰富的史料基础上，史学就是一门客观的科学，完全可以像自然科学的方法一样进行研究，触及到已经消失的过去的真相。

实证主义历史哲学首先要确定事实，然后要探求规律，而不像神学或形而上学那样去“探求其最早来源和终极目的”。规律是为了解释现实，但它也应该适应于过去和预测未来，“真正的实证精神主要在于为了预测而观察”，“研究现状以便推断未来”。孔德认为当时人们是处于社会和思想的“危机”之中，他的实证主义乃是为了建设人类美好的未来。

秉持实证主义精神的史学家和史学著作非常多，有学者把实证主义史学的特点归纳为以下几个方面：

一是在历史研究的目的上，注重对历史规律的探索。实证主义史学认为历史学家不仅要确认和描述史实，而且需要探索历史进程中的发展规律。他们坚信人类的历史如同自然界一样运行有序，有规律可循。

二是在史学方法上，注重归纳、演绎等，并大量引入了自然科学和社会科学的新方法。实证主义史学借鉴了心理学、生物学、统计学、经济学、地理学等学科的研究方法，抛弃一切不可知论和超自然因素，坚信只要像自然科学家一样搜集、观察和思考各类史实，就不仅能够得出历史发展的规律，而且能够把这些规律运用到尚未观察到的其他事物中去。

三是在史学研究对象上，主张史学应该从狭隘的政治事件中解脱出来，把社会作为一个整体来研究。实证主义史学主张把历史研究的对象扩展到所有的时代、所有的国家，内容不仅包括政治史，而且包括各民族的社会生活。

四是以人为中心撰写历史，重视普通人在历史发展中的作用。实证主义史学把普通群众而不是杰出人物看成是历史发展中起重大作用的力量，从而促使史学研究从杰出人物转向普通大众，相信人类、社会、民族及其文化是历史的主体。

五是反对形而上的历史哲学，强调实证研究。实证主义哲学反对形而上的思维方式，拒绝探讨世界观、本体论的问题，以中性哲学自居，并将全部精力投入寻求方法论的科学突破上。

六是注重精神文化史研究。实证主义史学家对人的精神及人类社会文化艺术深感兴趣，认为一切历史都蕴含着精神的内容，而研究精神最好的视角就是各个时代的艺术、文化、政治制度、宗教习俗等。绝大多数实证主义史学家都是文化史家。

七、兰克的“科学之历史”

【原典阅读】

兰克所谓科学的历史，无非是强调信史；他所谓的信史，必须建立在严格的学术基础之上，也就是说，历史并不是仅仅是文字的纪录、整理和编排而已，

更要细加考订、求证、辨伪，务令史事真实可信。欲求其信实，又必须有赖于有系统利用与研究原手史料，而后再根据信而有征的史事来叙写历史。最原始的史料，乃是当时人最直接的报告，诸如档案资料。从他的信史的标准看，近代之前的历史，无论官修或私撰，都不够信实，所以相对而言，近代人写的信史更可说成“科学的历史”了。

——王荣祖：《史学九章》

【内容简析】

兰克的历史学就是通过搜集、辨析文献证据，并依靠这种经过辨析的文献证据，使客观历史在文字上还其真相的一门学问。史料在这种客观主义史学方法论中占有重要地位。

兰克史学仅停留在对史料考证的基础上尽可能叙述出真实的历史。兰克所强调的“如实直书”的一个重要内容，就是历史著作是历史事实和人物以文字的形式还原。历史学的目的“只不过是说明事情的真实情况而已”，历史学成了只研究个别事实、特殊事件而不用考虑普遍规律的科学。他将很大一部分精力用于对史料的考证，强调求得准确的史料后不加评述地叙述事件。

兰克学派治史的“最高原则必须是严格陈述事实真相，不管这些事实多么缺乏条件，缺乏美感”。

八、“治史旨在求真”

【原典阅读】

历史是一种学术，凡学术都贵真实。只要忠实从事，他自然会告诉你所以然的道理，指示你当遵循的途径。

——吕思勉：《本国史》

各种学问，皆须求得正确之事实，然后归纳之而得其公理，史学亦犹是也。前人所记载之事实，无可认为完全、正确之理。从事于补足考证，实为第一步功夫。补足与考证，即前人之所谓考据也。故讲史学离不开考据。

——吕思勉：《吕思勉遗文集》

【内容简析】

考据是史学求真的必由途径，也是历史学科得到发扬的关键。吕思勉为什么如此重视历史考据呢？这跟他的学术求真的宗旨是分不开的。他认为学术的核心宗旨是一力求真，“治史旨在求真”。

“史料实证”就是要培养我们求真求实的精神。

九、实证之辨伪

【原典阅读】

辨识伪书的十二条“公例”

（一）其书前代从未著录，或绝无人征引而忽然出现者，十有九皆伪。（二）其书虽前代有著录，然久经散佚，乃忽有一异本突出，篇数及内容等与旧本完全不同者，十有九皆伪。（三）其书不问有无旧本，但今本来历不明者，即不可轻信。（四）其书流传之绪，从他方面可以考见，而因以证明今本题某人旧撰为不确者。（五）真书原本，经前人称引确有佐证，而今本与之歧异者，则今本必伪。（六）其书题某人撰，而书中所载事迹在本人后者，则其书或全伪或一部分伪。（七）其书虽真，然一部分经后人窜乱之迹，既确凿有据，则对于其书之全体须慎加鉴别。（八）书中所言确与事实相反者，则其书必伪。（九）两书同载一事绝对矛盾者，则必有一伪或两俱伪。（十）各时代之文体，盖有天然界画，多读书者自能知之。故后人伪作之书，有不必从字句求枝叶之反证，但一望文体，即能断其伪者。（十一）各时代之社会状态，吾侪据各方面之资料，总可以推见崖略，若某书中所言其时代之状态，与情理相去悬绝者，即可断为伪。（十二）各时代之思想，其进化阶段自有一定。若某书中所表现之思想与其时代不相衔接者，即可断为伪。

——梁启超：《中国历史研究法》

【内容简析】

这十二条辨伪“公例”的程序大致不外乎这样几条：查阅书目，旁求佐证，审核原书内容及思想，分析作品文体及文风，推勘作伪材料上的漏洞及拼凑上的抵牾，确定（或推测）其原作者及成书年代等。

十、从二重证据法到多重证据法

【原典阅读】

二重证据法

吾辈生于今日，于纸上材料之外，更得地下之新材料。由此种新材料，我辈固得据以补正纸上之材料，亦得证明古书之某部分全为实录，即百家不雅驯之言亦不无表示一面之事实。此二重证据法，唯在今日始得为之。

——王国维：《古史新证》

【内容简析】

运用“地下之新材料”与古文献记载相互印证，以考量古代历史文化，成为一种公认科学的学术正流。王国维是二重证据法这一对20世纪史学影响深远的治史观念和方法的创立者和成功运用者。王国维处于20世纪初，由于时代的机遇和本人的创造精神，方有可能较乾嘉前辈更胜一筹。甲骨文、汉简等重要发现为他提供了新的史料凭借，西方近代学术思想的相继传入，尤其是19世纪后期以来欧洲学者重视考古材料的运用和“审查史料”，即强调对于历史文献应以审慎态度究明其来历、考辨其真伪，然后作出正确分析的观念和方法，给他以深刻的启发。以此与他所熟悉的中国传统历史考证学的优良方法互相结合起来，遂能在治史观念和方法上取得重大突破。

二重证据法的方法论价值很快为有识之士所肯定。陈寅恪赞这种方法可“示来者以轻轨”，郭沫若更以为这种“研究学问的方法是近代式的”。二重证据法影响了中国学术界。

【原典阅读】

从三重证据法到古史五重证

……

我想借此机会说一说有关研究夏文化的材料和方法的问题。现在大家都把注意力集中在田野考古中探索夏文化的遗存，这无疑是十分重要的。夏文化的研究能否出现决定性的突破，有赖于这方面的努力。但是就夏文化的整体而言，地下遗存毕竟有它本身的局限性，而且遗存也不一定有文字标志足以表明文化的内涵；所以，我们还得把考古遗存同传世文献结合起来进行考察和研究。尽管古籍中关于夏代的材料不多，但是许多零星的记载，却往往透露着夏代社会的消息，有待我们进一步去发掘。值得特别提出的是甲骨文。在甲骨文中有许多关于商代先公先王的记载，在时间上应该属于夏代的范畴，可看作是商人对于夏代情况的实录，比起一般传世文献来要可靠和重要得多。我们必须而且可以从甲骨文中揭示夏代文化某些内容。这是探索夏文化的一项有意义的工作。总之，我认为探索夏文化，必须将田野考古、文献记载和甲骨文的研究，三个方面结合起来。即用“三重证据法”（比王国维的“二重证据法”多了一重甲骨文）进行研究，互相抉发和证明。倘能在这方面做出成绩，那么，我们对于夏代情况的了解，将会更加具体而全面。那时来讨论夏文化的有关问题，就可说是适时了。我们期待着这一天早日到来。

（补记）

我所以强调甲骨应列为“一重”证据，由于它是殷代的直接而最可靠的记录，虽然它亦是地下资料，但和其他器物只是实物而无文字，没有历史记录是不能同样看待的，它和纸上文献是有同等的史料价值，而且是更为直接的记载，而非间接的论述，所以应该给以一个适当的地位。况且已出土的甲骨数量十分惊人，据胡厚宣先生统计，存在的甲骨总额已超过十万片，如除去复出，实际有点夸大。目前因为文字辨认的困难，所以还未能做到“物尽其用”，取得更完满的论证结果，这正需要我们大家的加倍努力。目前甲骨研究的队伍，年老者逐渐退休，年轻者以学力关系尚接不上，还要好好地培养接班人才来展开研究工作，发挥更大的收效。西亚泥板文字，从1851年Rawlinson印行他的释读成果，楔形文研究的基础遂告奠定，至今已经取得极辉煌的成就。甲骨文发现比它只迟了半个世纪，希望学者迎头赶上。

所谓“三重证”还有另一讲法，杨向奎先生提出：“民族学的材料，更可以补文献、考古之不足，所以古史研究中的三重证，代替了过去的双重证。”他所著的《宗周社会与礼乐文明》一书正好代表这一方面的见解和研究的成就。我个人认为民族学的材料只可帮助说明问题，从比较推理取得一种相关应得的理解，但不是直接记录的正面证据，仅可以作为“辅佐资料”，而不是直接史料。民族学的材料，和我所采用的异邦之同时、同例的古史材料，同样地作为帮助说明则可，欲作为正式证据，恐尚有讨论之余地。如果必要加入民族学材料，我的意见宜再增入异邦的古史材料，如是则成为五重证了，其间相互关系有如下图所表示：

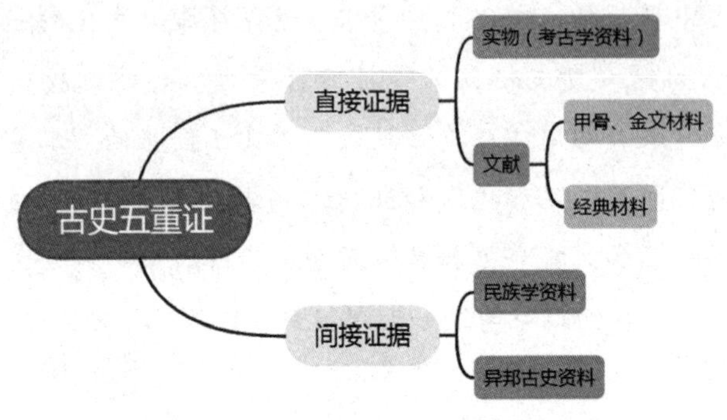

——饶宗颐：《谈三重证据法——十干与立主》

【内容简析】

1999年饶先生在《九州》发表了他著名的《古史重建与地域扩张问题》一文，提出重建古史采取的途径有三："1. 尽量运用出土文物上的文字记录，作为我所说的三重证据的主要依据。2. 充分利用各地区新出土的文物，详细考察其历史背景，作深入的探究。3. 在可能范围下，使用同时代的其他古国的事物进行比较研究，经过互相比勘之后，取得同样事物在不同空间的一种新的认识与理解。"

2002年在《谈三重证据法——十干与立主》中，饶先生在原三重证据基础上又增加了两项间接证据：民族学、异邦古史资料，成为古史五重证，比原来三重证更加完善和科学。饶先生之所以强调古史五重证据的方法，目的是从出土文献中系统地整理"寻绎有规律的历史条理。"

十一、单元总结

培育实证精神：史料实证素养的价值目标如何实现①

徐渭清

新修订的高中历史课程标准正式颁布以后，历史教师们对历史学科核心素养进行了广泛的讨论，其中对“史料实证”的研讨颇有热度。据笔者在中国知网上检索，以“史料实证”为标题的文章就有97篇，以此为关键词的文章有233篇（2020年2月前）。然而，仔细查看这些文章，大多是如何培养的策略或方法，较少探讨培养史料实证素养的目的，即便是讨论“史料实证”目的，也只是谈到了“证据”意识。本文结合高中历史的课堂教学，从课程标准的要求探索史料实证素养的价值目标。

《普通高中历史课程标准》（下文简称《标准》）指出：“学科核心素养是学科育人价值的集中体现，是学生通过学科学习而逐步形成的正确价值观念、必备品格和关键能力。”“关键能力”指运用科学的史学理论和方法来认识和解释历史的能力，“史料实证”素养自然包含在内。那么，我们应该如何理解“史料实证”的价值目标呢?

一、史料实证素养中的课程目标

关于“史料实证”的素养，《标准》提到：“史料实证是指对获取的史料进行辨析，并运用可信的史料努力重现历史真实的态度与方法。”历史研究的过程常常是通过史料作为证据来作出一定的历史判断或解释，因此《标准》对史料实证目标的具体阐释是：“知道史料是通向历史认识的桥梁，了解史料的多种类型，掌握搜集史料的途径与方法；能够通过对史料的辨析和对史料作者意图的认知，判断史料的真伪和价值，并在此过程中增强实证意识；能够从史料中提取有效信息，作为历史叙述的可靠证据，并据此提出自己的历史认识；

① 选自《历史数字》2020年第8期。

能够以实证精神对待历史与现实问题。”

具体而言有四层含义。

第一，了解史料类型，掌握搜集的途径与方法。史料的类型有多种分类，可以从来源分为一手资料或二手资料，可以从史料的载体分为文献（含图片）、实物、口述、影像等，还可以有其他分类。搜集史料的途径、方法与史料的类型有关，通过网络在线搜集是学生普遍喜欢采用的方法，但容易被忽略的一个重要方法是通过图书馆或档案馆馆藏搜集史料。这些分类或搜集方法只要学生直接参与几次就能掌握。

第二，辨析史料与史料作者的意图，判断史料真伪与价值。对高中生来说，辨析史料是比较难的（特别是鉴别真伪）。比如有个学生看到人民版教材必修三上有关司南的说明，但他又发现江晓原的《中国古代技术文化》书里认为“司南”只是传说。那么，他就疑惑究竟哪个是正确的？这需要搜集更多的证据进行辨析。教师就可以根据类似案例设计历史研究性课题，引导学生深入探索。

第三，选取适当史料作为证据，进行历史叙述和论证。以史料为证据进行探索的方向有两个：其一是历史叙述，即在史实基础上讲述历史事件或历史人物。当然，这不符合海登·怀特的界定，他认为传统历史叙述是“历史领域中的要素通过按事件发生的时间顺序排列，被组织成了编年史；随后编年史被组织成了故事，其方式是把诸事件进一步编排到事情的场景或过程的各个组成部分中”。怀特为了说明历史学的转向，从五个方面阐释历史叙述理论，即编年史、故事、情节化模式、论证模式、意识形态蕴含模式等。对于高中生来说，理解到这一步似乎太难了。其二是论证某种观点。可以证伪或证实，也可以评论某种价值观念。如有关第一次世界大战前萨拉热窝事件的不同报道，奥匈帝国与法国的报纸完全不同，那么如何评价不同倾向的报道呢？这可以让学生尝试。

第四，以实证精神对待现实问题。历史教育的重要价值在于将所学知识用于对现实世界的理解和参与，并创造未来的社会生活，而真正能够有助于学生认识现实的是历史思维能力，实证能力与精神便是历史思维能力的重要组成部分，这是培育健全公民的重要基石。

在这四个层次中，贯穿始终的是“实证精神”，是“求真”（史料的选择与鉴别）、“实证”（运用史料证明或叙述）、“求实”（运用实证精神解决现实问题）三个递进的阶段。

二、实证精神的价值内涵

高中历史课程目标强调通过科学严谨的方法和手段辨别、获得可靠的资料，体现了史料实证素养是为了使学生养成实证精神。实证是一种方法，是自近代科学产生以来，逐步形成的科学方法。但是，如果实证仅仅是方法，而不上升到价值的层面，科学探索与发展就难以实现。

（一）实证精神彰显史家坚定的信念

信念是目标未达成时的信心与长期坚守。司马迁在《报任安书》中说明其著《史记》的宗旨：“亦欲以究天人之际，通古今之变，成一家之言。”这就是史学家的精神，表达出强烈的信念，即探求真理。科学的真理与史学的真理有所不同，如科学真理可以验证，而历史的真相难以验证，但是在学理上却有共性。

史料浩如烟海，真假难辨。史学家费尽心机就是要找寻曾经发生过什么，哪些发生的事情导致了更多事情的发生。史学家必须依据史料，可史料本身却有很多不足。

首先，原始史料本身是不完整的，有些根本没有记录，有些记录不全，有些记录本身就有遗漏。其次，记录者可能提供了有偏见的原始史料。“资料与其说是被作者有意加以扭曲，不如说是被作者在特定时空下的认识局限所扭曲，后者更难加以识别。”最后，史学家需要排除不必要的细节资料，寻找自己想要的细节资料，重构一段历史的事实，这个过程有时可能误入歧途，导致离事实更远。

因此，史学研究是一个长期的、不断被更新的过程。许多看起来以史料与逻辑支撑得很牢固的历史事实，一旦发现新的史料，就可能瞬间崩塌。更为重要的是，这个动态的过程会不断持续。卡尔考察了19世纪到20世纪史学发展的历程后得出这样的结论：“历史是历史学家与历史事实之间连续不断的、互为作用的过程，就是现在与过去之间永无休止的对话。”

这对于历史教育有何种意义呢？当然是培育学生求真求实的信念。这是一种发自内心的动力，也是一种对史学研究的信心，即挑战不确定或虚假的历史问题，定要发现历史的奥秘，这是对真实历史的渴求。历史教育期待学生像历史研究者一样，有着永不满足的探索欲望、学术情怀与信念。司马迁正是拥有这种信念，才能长期坚持，并展现出各种优秀的品质。

（二）实证精神蕴含史家丰富的品格

具备实证精神的史学大家都有着健全的人格，他们在纷繁的社会中，坚守自己的信念。这个信念包含着极为丰富的人格品质，诸如诚信、求实、坚韧、责任、合作、创新等。笔者以史学大家陈寅恪先生为例，阐释实证精神中的重要品质。

第一，独立之精神，自由之思想。史学研究首先需要的就是勇于质疑的精神品质，没有这种精神品质，就无法提出有质量的问题，而这种精神品质必须要以独立思考、不受权威约束的思想信念作为基础，否则学术探索就无法持续。20世纪的中国，社会政治动荡，保持学术独立颇为不易。新文化运动后，全盘西化的观念在学术界盛行，陈寅恪先生仍然坚持自己的理念。在生命的最后几年，他曾对挚友说："默念平生固未尝侮食自矜，曲学阿世，似可告慰友朋。"可见先生言行一致，一生谨守。

第二，坚韧的毅力，求实的严谨。提出有质量的问题后，就需要不断努力去解决问题，这对史学家是一种毅力的考验。陈寅恪在艰苦的抗战时期，于疾病、穷困与颠沛流离之中，坚持三校《新唐书》。据他自己的题记，完成一校是1939年9月30日，从昆明到香港，患气管炎、肋骨关节炎；完成二校是1940年12月14日，在昆明，患心悸病；完成三校是1942年4月13日，香港沦陷不久。由此可见陈先生坚守的毅力与严谨的态度。

第三，同情的理解，基于史实的想象。历史学的发展说明，史学与科学有不同的价值内涵。"虽然科技能帮助搜集、整理和扩充史料，但史家的工作，还需要另外和更高的一面，那就是如何像艺术家那样，用直觉沟通过去，用思维概括过去。"因此，史料实证素养的教育价值既需要科学求真的基础，也需要合理的想象。陈寅恪先生在《冯友兰〈中国哲学史〉上册审查报告》中说：

> 凡著中国古代哲学史者，其对于古人之学说，应具了解之同情，方可下笔。盖古人著书立说，皆有所为而发。故其所处之环境，所受之背景，非完全明了，则其学说不易评论，而古代哲学家去今数千年，其时代之真相，极难推知。吾人今日可依据之材料，仅为当时所遗存最小之一部，欲借此残余断片，以窥测其全部结构，必须备艺术家欣赏古代绘画雕刻之眼光及精神，然后古人立说之用意与对象，始可以真了解。所谓真了解者，必神游冥想，与立说之古人，处于同一境界，而对于其持论所以不得不如是之苦心孤诣，表一种之同情，始能批评其学说之是非得失，而无隔阂肤廓之论。否则数千年前之陈言旧说，与今日之情势迥殊，何一不可以可笑可怪目之乎？
>
> 因为今日可依据史料的不足，即需要与古人处于同一境界，以同情的态度，基于史实的想象，这是史家必备的学术品格。不论是司马迁著《史记》，陈寅恪写《柳如是别传》，抑或当今学者茅海建写《天朝的崩溃》，史景迁著《太平天国》，无不是在充分占有史料的基础上，以其对史事的“真了解”，将历史的细节、丰富与特有的肌理展现在人们面前。

三、培养实证精神的学习指导

实证精神培养的重要之处在于形成信念，而信念的形成必须与日常的学习紧密相连。因此，历史教师当在日常教学中，通过多种方式，循序渐进地培养。具体来说，有以下几个方面。

（一）引入史家的治学故事

因为日常教学的内容非常多，一些教师很少专门介绍史家的治学故事。像司马迁等著名史家，教学中只是简略提及，未能充分展开，拉远了与史家的距离，难以让人体会史家的品格与历史的魅力。笔者提供两点建议。

第一，在古代史教学时，引用史料可以简要介绍作者。如就春秋战国时期可引用《史记·孔子世家》有关司马迁评价孔子的内容：

> 太史公曰：诗有之：“高山仰止，景行行止。”虽不能至，然心

向往之。余读孔氏书，想见其为人。

这时可以问学生："司马迁是什么人？"可以根据学生的回答，介绍司马迁的治学品质，然后，教师可以说："如此勤勉博学之人为什么对孔子评价如此之高？"就把学习的重点再转到孔子的言行中来。类似的，还可以在明清文化中介绍黄宗羲的治学故事，新文化运动中介绍胡适、陈寅恪等人的治学故事，只要一两分钟，就可以让学生对史家治学有所了解和感悟。

第二，对于参与历史选修的学生来说，新的课程改革专门设计了"史料研读"的选修课程，在这一课程中有很多的机会介绍史家，这里不再赘述。

（二）课堂学习材料的设计

实证精神既需要感悟，又需要实操训练。在课堂学习中，最适合各类史料实证的问题供学生们讨论。笔者提供一例设计，以供同行参考。

《中外历史纲要（上）》介绍了唐朝初期的贞观之治，自然提及唐太宗李世民。课文对其溢美有加，如戒奢从简、知人善任、虚怀纳谏等。教学中，大多数教师会提供佐证材料，以证明太宗皇帝确实英明。但是，如果高中历史教学都是这样讲述，如何培养学生独立思考的品质呢?

为了让学生感受历史的复杂性，激发学生探究的欲望，可以引用吕思勉对唐太宗的评价："其人究系武夫，且家世渐染北俗，故骄暴之习，亦难尽免。"还可以用明朝万历皇帝对臣下之言"唐太宗胁父弑兄，家法不正，岂为令主"加以佐证。然后问学生："两种评价相互矛盾，应该如何评价唐太宗？"在学生讨论并阐述观点后，再引导他们用宏观与微观共存且更为复杂的思路以及同情的理解来评判历史人物，避免历史人物评价的脸谱化。

（三）研究性学习的设计

课堂研习虽然可以见缝插针，随时训练，但是由于时间紧凑，难以展开，无法让实证精神真正得到锤炼。而在研究性学习中，可以提供各类作业，帮助高中生深入体验并训练史料实证。在最新的课程标准中，在必修和选修课程中，做了多种研究性学习活动的设计，可供老师们参考。笔者强调一个新的原则，即"聚小为大"。

史料实证最需要耐心，严耕望认为："论者每谓，陈寅恪先生考证史事，能以小见大。……此种方法似乎较为省力，但要有天分与极深学力，不是一般人都能运用，而且容易出毛病。”主张用人人都可以做到的“聚小为大”之法，即“聚集许多似乎不相干的琐碎材料、琐小事例，加以整理、组织，使其系统化，讲出一个大问题，大结论”。因此，研究性学习中，每个班级不必做很多课题，提供3~5个课题让学生选择即可。每个课题的参与者10人左右，再将一个课题拆分，让每个同学从一个细节开始研究，同组的学生相互支持，进而完成一个大的课题。

比如“十一届三中全会至社会主义市场经济的提出”这一段，可以设立“伟大的转折：改革开放四十年”的课题，其中就可以让学生进行家族口述史的调查，同时进行文献调查。再如十一届三中全会时长辈的经历、农村家庭联产承包责任制实验的情况、城市的变革、副食品供应的变化、超市的出现、下海与下岗、炒股的经历等，这些与普通人相关的话题既适合学生探究，又便于联系成整体。通过此课题，可以在全班同学面前展开改革开放的宏伟画卷。

实证精神是这次历史课程深化改革的亮点之一，作为中学教师，应当尽己所能，以史学大家为榜样，帮助学生构建属于他们自己的历史精神世界。为此，笔者愿与同行共同努力。

徐渭清，中学高级教师，扬州中学教育集团树人学校历史教师。

本章自主学习检测

【习题示例】

1. 从试题主题语中获取有效信息

所谓“主题语”，就是一道题中最关键的部分，也可以称作“题眼”。“题眼”是题中那些牵一发而动全身的信息，如时间、地点、范围、程度、否定词、阶段特征等。在阅读史料时，要善于寻找题眼，从中获取有效信息，弄清试题究竟要判断什么或者要求回答什么。在诸多信息中，“主题语”的信息最关键。

【示例1】武则天时期，将中书、门下二省名称分别改为凤阁、鸾台，通过加授“同凤阁鸾台平章事”头衔，使低品级官员得以与凤阁、鸾台长官共同议政。宰相数量大增，且更替频繁。这一做法的目的是（　　）

A. 扩大中书、门下二省的职权

B. 为官员提供迅速晋升的机会

C. 便于实现对朝政的全面控制

D. 强化宰相参政议政职能

解析：“目的”是主题语。从材料“使低品级官员得以与凤阁、鸾台长官共同议政”可知这一做法削弱了中书、门下二省的职权，故A项错误；由材料“武则天时期”“宰相数量大增，且更替频繁”可知这一做法是为了加强自身的统治，而非为了官员的晋升，由材料“使低品级官员得以与凤阁、鸾台长官共同议政”可知官员的品级并未改变，故B项错误；由材料“使低品级官员得以与凤阁、鸾台长官共同议政”“宰相数量大增，且更替频繁”可知通过增加宰相的数量、分割宰相权力，以达到削弱宰相加强皇权的目的，实现对朝政的全面控制，故C项正确；结合材料信息可知宰相职权被削弱而非强化，故D项错误。

答案：C

2. 从材料出处和注释中获取有效信息

在历史材料解析题的每则材料后，一般要注明该史料的来源或出处，这是出于命题科学性和严谨性的考虑。引文出处是对所引（选）用材料（史料）的来源进行的说明（解说），材料的引文注释往往包含了解题的关键信息，包括引文的出处、作者、文章写作的时间、文章的题目等。这些出处（说明）对于我们理解材料往往提供了重要的信息，这些信息经常能帮助我们准确地理解和把握材料的内容与思想。

直接获取有效信息的途径如下：

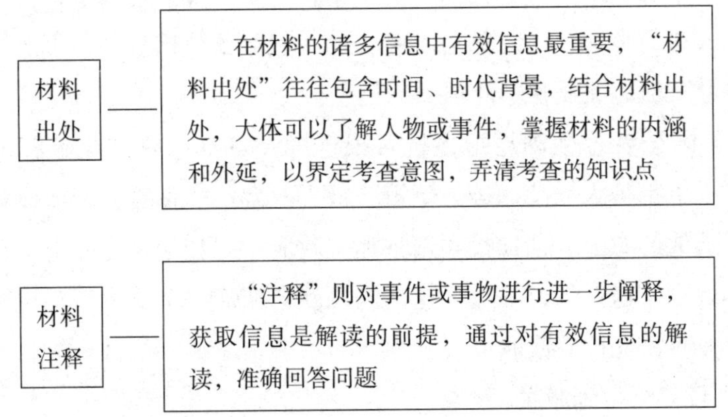

【示例2】《墨子》中有关于“圆”“直线”“正方形”“倍”的定义，对杠杆原理、声音传播、小孔成像等也有论述，还有机械制造方面的记载。这反映出《墨子》（　　）

A. 汇集了诸子百家的思想精华

B. 形成了完整的科学体系

C. 包含了劳动人民智慧的结晶

D. 体现了贵族阶层的旨趣

解析：材料中只是提及《墨子》中关于一些数学和物理知识的记载，并未体现出其他学派的思想主张，故A项错误；《墨子》中有关于数学、物理学、机械制造等方面的科学知识，但并没有形成完整的科学体系，故B项错误；《墨子》中的数学、物理学、机械制造等科学知识是对当时社会生产的研究和总结，包含了劳动人民智慧的结晶，故C项正确；墨子代表平民百姓的利益，故D项错误。

答案：C

3. 从省略号前后获取有效信息

近几年各地高考题都紧扣课改精神，采用多样化的材料创设新情境，试题表现形式丰富多彩，彰显了历史学科自身的特点。新鲜活泼的材料，新颖灵活的设问，使考生耳目一新，体现了较好的原创性，也符合学生的认知水平，反映出命题者取材视野的广阔性和独具匠心的命题技巧。在选取材料命制试题时，命题者都会面临材料内容多如何取舍的问题，在实际操作过程中，往往以“省略号”的方式进行取舍。“省略号”省去的一般是无效信息，留下的是有效信息，“省略号”前后又反映不同层面的信息。

【示例3】美国记者曾生动地记述抗日根据地：“如果你遇见这样的农民——他的整个一生都被人欺凌、被人鞭笞、被人辱骂……你真正把他作为一个人来对待，征求他的意见，让他投票选举地方政府……让他自己决定是否减租减息。如果你做到了这一切，那么，这个农民就会变成一个具有奋斗目标的人。”这一记述表明，抗日根据地（　）

A. 农民的抗日热情得到激发

B. 废除了封建土地制度

C. 国民革命的任务得以实现

D. 排除了国民党的影响

解析：由材料“他的整个一生都被人欺凌、被人鞭笞、被人辱骂”“把他作为一个人来对待，征求他的意见，让他投票选举地方政府”“这个农民就会变成一个具有奋斗目标的人”可知政治权利的提高调动了农民的革命积极性，故A项正确；材料中的“减租减息”说明封建土地制度依然存在，故B项错误；国民革命的任务是反帝反封建，“得以实现”的表述不符合史实，故C项错误；题干材料所述情况出现在国共合作的抗日战争时期，所以不能排除国民党的影响，故D项错误。

答案：A

4. 从数据对比和变化中获取有效信息

数据对比和变化中包含的有效信息主要体现在“这些数据是在什么背景下变化的”“这些数据的变化说明了什么问题”。从数据对比和变化中获取信息时，要注意从纵向和横向两个方面分析数据变化的趋势，同时要注意看整体，不能局限于某一个时期或时间段，而应全面理解数据对比和变化所反映的问题。“四读”法是解答此类问题的关键：

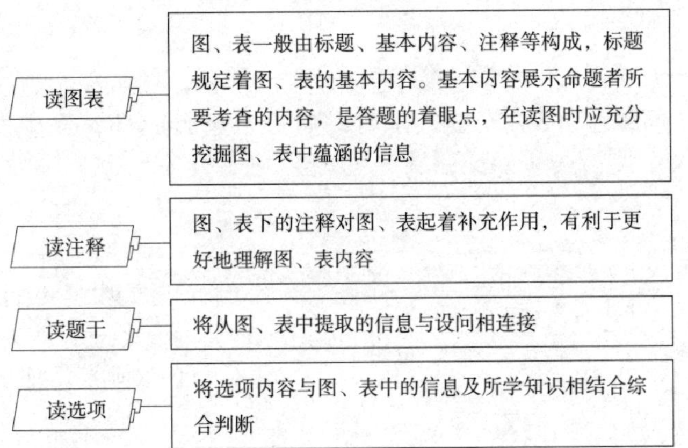

【示例4】下图是《解放战争时期国共两党兵力对比图》。由图可知，人民军队兵力总数占据优势始于（　　）

A. 全面内战爆发时

B. 战略反攻开始前

C. 三大战役进行中

D. 渡江战役结束后

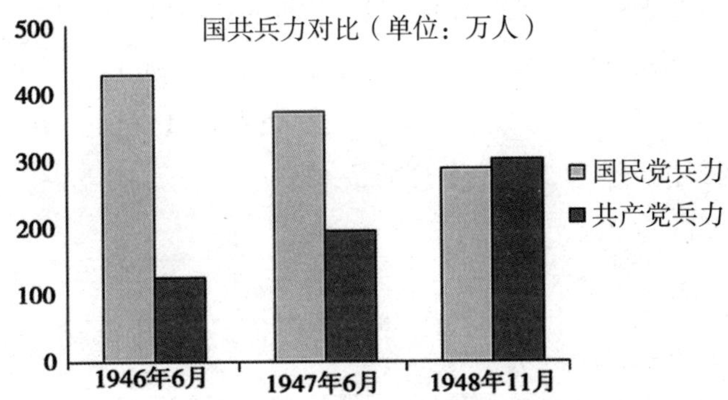

解析：全面内战爆发是1946年，与材料中“1948年11月”不符，故A项错误；战略反攻是1947年，与材料中“1948年11月”不符，故B项错误；到1948年秋，敌我力量发生重大变化，中共中央认为决战时机已经到来，于是连续发动了辽沈、淮海、平津三大战役，与材料中“1948年11月”相符，故C项正

确；渡江战役是1949年，与材料中“1948年11月”不符，故D项错误。

答案：C

【习题快练】

1.（2021年广东高考，3）安史之乱时，唐玄宗逃奔成都，途中发生兵变，杨贵妃死于马嵬坡。以下为若干记载。

路边杨贵人，坟高三四尺。乃问里中儿，皆言幸蜀时……贵人饮金屑，倏忽舜英暮。平生服杏丹，颜色真如故。	（唐）刘禹锡《马嵬行》
上令高力士诘之，回奏曰：“诸将既诛国忠，以贵妃在宫，人情恐惧。”上即命力士赐贵妃自尽。	（五代）刘昫等《旧唐书》
上曰：“贵妃常居深宫，安知国忠反谋？”高力士曰：“贵妃诚无罪，然将士已杀国忠，而贵妃在陛下左右，岂敢自安！愿陛下审思之，将士安则陛下安矣。”上乃命力士引贵妃于佛堂，缢杀之。	（宋）司马光《资治通鉴》

有学生以上述材料探究杨贵妃之死，下列推论正确的是（　）

A.《马嵬行》选材来自传说，不能作为历史研究的材料

B.《资治通鉴》较多细节描写，还原了杨贵妃之死的真相

C.《资治通鉴》成书晚于《旧唐书》，故可信度相对较低

D.《旧唐书》《资治通鉴》作为史料，应注意作者的立场

2.（2021年浙江高考，25）关于马可·波罗是否到过中国，历来有争议。分析下表双方的辩论观点，选项中合理的是（　）

否定方观点	肯定方观点
元代中文文献中没有对马可·波罗的记载	来华外国人不可能都被记载，即使记载，也可能遗失
《马可·波罗游记》存在错载史实以及漏载中国特有的长城、茶叶、汉字等事物	书中关于中国的多数记载已得到印证，未记载特有事物，可以合理解释
《马可·波罗游记》稿本众多且内容不一致	稿本有差异但不影响主体内容
马可·波罗没有到过中国，可能是依据某种波斯的导游手册，编造出游记	迄今为止没有发现有这种导游手册

A. 根据《马可·波罗游记》错载或漏载某些元代特有事物，可否定其真实性

B. 判断《马可·波罗游记》的真实性，应从总体上看其是否提供了得到印证的资料

C. 历史研究要勇于怀疑，大胆假设，小心求证，以论带史

D. 学术观点须资料确证，如无实证，搁置争议，自圆其说

3. 围绕第一次世界大战的责任问题，德国史学界一直存在争议。20世纪20年代，德国史学家普遍认为战争的责任并不全在德国，协约国也应负其责。到20世纪60年代，德国史学家费舍尔等则认为德国的战争计划早就作出，第一次世界大战就是一场阴谋，德意志帝国要承担完全的历史责任。上述争议（　）

A. 说明综合多种观点可还原历史事实

B. 使德国战争责任愈加明确

C. 说明史学研究结论取决于时代需求

D. 均未准确揭示第一次世界大战的根源

4. 史料的搜集、整理和辨析是历史研究的基础。阅读材料，完成下列要求。

1968年，位于河北满城西汉中山靖王刘胜（汉武帝统治后期的诸侯王）墓中首次发现金缕玉衣。玉衣为汉代皇帝和高级贵族死后的敛服，一般用金缕、银缕、铜缕来缝制玉衣。在探究“刘胜的金缕玉衣是否能作为‘诸侯王僭越等级制度’的证据”这一主题时，有同学搜集并整理了如下材料：

材料一　西汉司马迁的《史记》未见关于“玉衣”的记载。

材料二　东汉卫宏的《汉旧仪》（记述西汉历史）记载，不仅皇帝的“玉衣”缝以黄金缕，而且诸侯的“玉衣”也“缀以黄金缕为之”。

材料三　东汉班固的《汉书》（记述西汉历史）中只见“玉衣”，而无金缕、银缕、铜缕之分的记载。

材料四　《后汉书·礼仪志下》（记述东汉历史）记载，皇帝的“玉衣”用金缕，诸侯王、列侯、始封贵人、公主用银缕，大贵人用铜缕。

材料五　截至2011年，两汉时期诸侯王墓葬中出土的玉衣统计数据如下表：

类别	西汉		东汉	
	汉高祖到汉武帝	汉武帝后	前期	中后期
金缕	7	6	0	0
银缕	1	2	2	4
铜缕	0	1	3	10

请就“刘胜的金缕玉衣是否能作为‘诸侯王僭越等级制度’的证据”这一主题谈谈你的看法，并运用以上材料和史实说明理由。

5. 自古以来，“烽火戏诸侯”的故事广为流传，但钱穆认为“举烽传警，乃汉人备匈奴事耳”。阅读材料，完成下列要求。

材料：

甲	周幽王取妻于西申，生平王，王或（又）取褒人之女，是褒姒，生伯盘。褒姒嬖于王，王与伯盘逐平王，平王走西申。幽王起师，回（围）平王于西申，申人弗畀（给予），曾（缯）人乃降西戎，以攻幽王，幽王及伯盘乃灭，周乃亡……晋文侯乃逆平王于少鄂，立之于京师。三年，乃东徙，止于成周。 ——《清华简·系年》
乙	周宅丰、镐近戎人，与诸侯约，为高葆祷于王路，置鼓其上，远近相闻。即戎寇至，传鼓相告，诸侯之兵皆至救天子。戎寇当至，幽王击鼓，诸侯之兵皆至，褒姒大悦而笑，喜之。幽王欲褒姒之笑也，因数击鼓，诸侯之兵数至而无寇。至于后戎寇真至，幽王击鼓，诸侯兵不至。幽王之身乃死于丽山之下，为天下笑……周避犬戎难，（平王）东迁洛邑。 ——《吕氏春秋》
丙	褒姒不好笑，幽王欲其笑万方，故不笑。幽王为烽燧大鼓，有寇至则举烽火。诸侯悉至，至而无寇，褒姒乃大笑……幽王以虢石父为卿，用事，国人皆怨。石父为人佞巧善谀好利，王用之；又废申后，去太子也。申侯怒，与缯、西夷犬戎攻幽王。幽王举烽火征兵，兵莫至。遂杀幽王骊山下，虏褒姒，尽取周赂而去。于是诸侯乃即申侯而共立故幽王太子宜臼，是为平王，以奉周祀。 ——司马迁《史记·周本纪》

注：《清华简》是清华大学收藏的战国时期的竹简

（1）综合甲、乙、丙三则材料的相关记载，简述从中可以得出的历史结论。

（2）根据材料并结合所学知识，简析“烽火戏诸侯”的故事在中国古代广为流传的原因。

6. （2021年山东高考，19）阅读材料，回答问题。

英国在衰退吗？

有学者认为，1870—1910年的英国日渐走向衰退，英国真的在衰退吗？要研究这一问题，我们应该如何使用下面几则史料，它又会告诉我们什么？

材料一　有关英国工业生产的一组数据

甲：《1873—1913年英国工业生产情况统计表》

	1873年	1883年	1893年	1903年	1913年
工业产值占国民生产总值的比例（%）	40	40	41	43	—
生铁产量（千吨）	6671	8666	7089	9078	10425
粗钢产量（千吨）	582	2040	2997	5115	7787
煤炭产量（百万吨）	130	166	167	234	292

乙：《1913年英、美、德电器产品占世界总额的比例》

丙：《1870—1913年英、美、法、德在世界工业生产中所占比例》

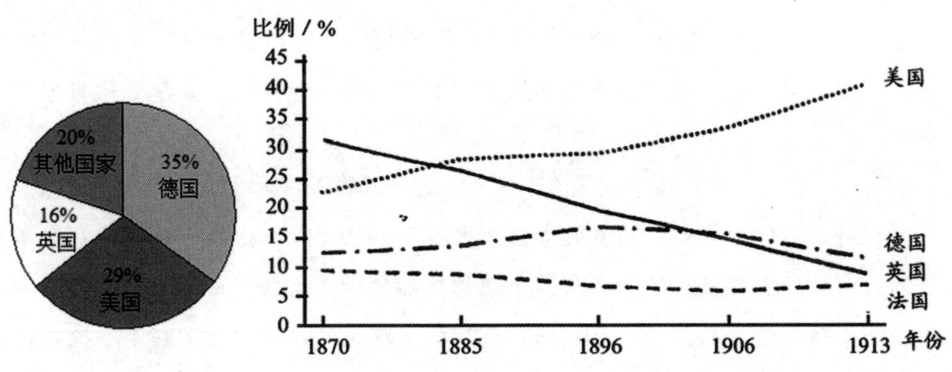

——以上材料均摘编自B.R.米切尔《世界历史统计》

材料二：

案例：坎布里亚的兴衰

13—17世纪，坎布里亚一直是英国北部的纺织业重地，很早就利用水力进行生产。1780年代以后，坎布里亚使用水力纺纱机和水力织布机进行生产的工厂越来越多。19世纪中期，它的纺织业发展达到鼎盛，由于较少使用蒸汽动力，约自1870年代起，在内外的激烈竞争下，坎布里亚的坊织业逐渐走向衰弱，到20世纪初已全面没落。

——摘编自约翰·马歇尔《坎布里亚工业化的阶段》

（1）材料一这类史料对我们研究的问题是必需的吗？说明你的理由。

（2）材料一中的三则史料对英国经济状况的反映相互矛盾吗？请加以说明。

（3）把材料二作为研究问题的证据，使用时需要注意什么？

7. 对同一史实，不同史料可能有不同反映，探究历史应注意史料的适用性和局限性。阅读材料，回答问题。

材料一　自道光年间，大开海禁，西人之工于牟利者，接踵而来，操贸易之权，逐锥刀之利，民间生计，皆为其所夺……自洋布洋纱入口，土布销场遂滞，纺绩稀少，机轴之声几欲断矣。

——摘编自郑观应《盛世危言》

材料二　（20世纪初）所食者率皆本地所树之粟，所衣者率皆本地所出之棉，男耕女织，终岁勤劳，常见农民自顶至踵所用衣、袜、鞋、带皆由自力织成者。

——摘编自民国河北《元氏县志》

材料三　电影《我们热爱的家园》是美国在1950年拍摄的一部宣传马歇尔计划的名作。影片描述了一个法国小镇的战后生活。最初，在二战中被摧毁的小镇难以摆脱战争的痛苦。直到获得美国的财政援助，儿童才回到了学校，工厂才恢复了生产，小镇居民才可以正常地购买食物。

材料四　漫画《美国最新式战车》（下图，1947年发表于苏联某杂志，图中俄文“3AEM”意为财政贷款）

（1）中国古代小农经济的特征是什么？材料一和材料二所反映的近代农村经济结构状况有何不同？

（2）材料一和材料二对于探究中国近代农村经济结构的变迁，分别有何局限？综合两则材料，可以推知中国近代经济发展的何种特点？

（3）结合材料三和材料四，分析电影和漫画的创作者对马歇尔计划的认识有何不同。他们的认识差异反映了当时怎样的国际格局？

第四章　历史解释

历史解释是指以史料为依据，对历史事物进行理性分析和客观评判的态度、能力与方法。

所有历史叙述在本质上都是对历史的解释，即便是对基本事实的陈述也包含了陈述者的主观认识。人们通过多种不同的方式描述和解释过去，通过对史料的搜集、整理和辨析，辩证、客观地理解历史事物，不仅要将其描述出来，而且要揭示其表象背后的深层因果关系。通过对历史的解释，不断接近历史真实。

历史解释不仅仅是一种分析问题的方法，还包括深层次的历史哲学理论。任何人解释任何历史问题，都是他的价值观、历史立场、历史思维、历史观点的综合反映。因此，历史解释一方面是分析问题的方法和手段，另一方面又跟人的情感、态度、价值观密切相关。

史实、史论、史识是构成史学的三要素，史实即历史事实，史论即对历史事件和历史人物的评论，史识即以科学的史观作为指导，分析大量可靠的史实，然后得出的科学结论。这里的史论和史识属于历史解释的范畴。

【课标要求】

区分历史叙述中的史实与解释，知道对同一历史事物会有不同解释，并能对各种历史解释加以辨析和价值判断；能够客观论述历史事件、历史人物和历史现象，有理有据地表达自己的看法；能够认识历史解释的重要性，学会从历史表象中发现问题，对历史事物之间的因果关系作出解释；能够客观评判现实社会生活中的问题。

【目标解读】

1. 历史解释是在形成历史理解和认识的基础上叙述历史的能力，是检验学生的历史观和历史知识、能力、方法等方面发展水平的主要指标。

2. 历史研究不能像自然科学那样对认识客体进行直接的观察、接触、实验、检测，进而认识其本质属性和发展规律。历史的发展直接或间接受到政治、经济、军事、思想文化、科技、地缘等多种因素的影响。从历史的角度，尽可能客观地、多角度地、发展地、辩证地看待和理解过去的事物。

3. 历史解释不仅仅解决历史问题，更要凭借所形成的历史意识，解释、解决现实的问题。

一、历史解释的特征

【原典阅读】

事实就像在浩瀚的，有时也是深不可测的海洋中游泳的鱼；历史学家钓到什么样的事实，部分取决于运气，但主要还是取决于历史学家喜欢在海岸的什么位置钓鱼，取决于他喜欢用什么样的钓鱼用具钓鱼。

……

历史学家毕竟是单个的人。像其他单个的人一样，历史学家也是一种社会现象，它不仅是其所属社会的产物，而且也是那个社会的自觉的或不自觉的代言人；他就是以这种身份来接触过去历史的事实。

——爱德华·卡尔：《历史是什么？》

历史是历史学家和他的事实之间的一个连续不断的互动过程，是一场现在与过去之间的永无休止的对话。

——爱德华·卡尔：《历史是什么？》

【内容简析】

历史解释具有主体性。一是要关注历史事件活动的主体，二是要在历史认识的过程中发挥主体的作用。卡尔强调，我们所接触到的历史事实，从来都不是纯粹的历史事实，因为历史事实并不能以纯粹的形式存在，历史事实总是通过记录者的头脑折射出来的。学生在学习的过程中，要通过一些史学家对同一史事的论述，了解史学家对历史的论述会有不同的解释与评判，并分析造成不同解释与评判的主要因素。

历史解释具有价值性。价值观在很大程度上决定着历史解释主体所采取的立场、观点和方法，不同的价值观念必然会产生不同的历史解释。在历史解释价值判断的过程中，要教育学生处理好两个关系：处理好个体与民族的关系，处理好个人情感与历史发展方向的关系。真正做到“以唯物史观为指导，对人类历史发展进行科学的阐释，将正确的思想导向和价值判断融入对历史的叙述和评判中”。

历史解释具有社会性和时代性。要注意研究历史学家所处的历史环境和社会环境。同时，还要清醒地认识到，历史解释者有可能超越其阶级属性和民族属性，但无法超越其时代属性，解释者的研究成果必然会体现出时代特征和当时的印记。

历史解释具有叙述性。《课程标准》指出：“所有历史叙述在本质上都是对历史的解释，即便是对基本史事的陈述也包含了陈述者的主观认识……不仅要将其描述出来，还要揭示其表象背后的深层因果关系。”历史解释和历史叙述是紧密结合的。历史解释的基本方法为，既要描述历史事件的发展过程，又要分析其前因后果。要处理好历史叙述和历史思辨的关系，将描述和分析相结合。要处理好文字运用和历史解释之间的关系，体现历史学科的特点，加强对历史概念的运用，加强对史料的运用，“让史料说话”。

二、历史解释的方法

【原典阅读】

一言以蔽之，统帅和启迪历史研究的是“理解”。这并不是说优秀的历史学家与热情无关，它仍然是有热情的。我们必须认清，“理解”一词所蕴含的既有困难也有希望，而且别具善意。……历史学只有自己先放弃虚伪的天使的架子才能帮助我们治愈盲目判断的弱点。历史包含人类多样性的丰富经验，它是漫长的人类交往历程。如果这种交往能在友好的气氛中展开，生活和科学都将受益无穷。

——马克·布洛克：《历史学家的技艺》

【内容简析】

历史“理解”、历史解释向来是历史研究和历史学习的重要内容。李剑鸣在《历史学家的修养和技艺》中指出：“概括说来，‘解释’就是参照已知的事物来说明未知的事物，从而使未知的事物变得可以理解。那么，‘历史解释’就是使过去的人和事变成可以理解的知识的过程。”

怎样进行历史解释？黄牧航和张庆海教授在《中学历史学科核心素养的教学与评价》中提出了“五层分析法”，包括了五种进行历史解释的方法。这五种方法又由低到高呈现出五个层次，分别为现象性解释、内涵性解释、本质性解释、联系性解释和规律性解释。

（1）现象性解释，是指在历史认识活动中对历史本体进行现象性的描述。描述的内容包括六个要素：历史事物发生发展的时间、地点、历史主要参与者（或历史人物）、起因、经过和结果。现象性解释不需要进行分析和评价，也不需要探讨各要素之间的相互关系，主要是做好“名词解释”。

（2）内涵性解释，主要是指在现象性解释的基础上对历史事物的内容作出更加全面细致的描述，拓宽对历史现象的内涵认识。

（3）本质性解释。本质的四层含义：一是事物的真相，二是事物的内在属性，三是事物的内部联系，四是事物的价值。对于历史事物而言，本质性解释就是对事物的真相和内在属性，以及事物内部各要素之间的内在联系和事物的历史意义进行分析总结。本质性解释是对历史事物自身的完整的终结性的分析和评价。本质性解释需要进行理论层面的抽象思考，需要通过许多专业的抽象概念来进行。

（4）联系性解释，主要是通过对该历史事物相联系的相关历史事物的解析，进一步深入探讨该历史事物与其他历史事物之间的关系。历史的联系性解释是一种开放性的解释，没有固定的角度和方法。历史联系性解释的能力与解释者的思维水平和知识积累密切相关。知识面广博的人才有可能敏锐地寻找到更多的联系线索；思维水平高的人，才有可能严谨地论述事物间的逻辑关系。联系性解释要注意运用以下两个思路：一是根据不同的视域来解释历史事物，如政治、经济、文化、社会、生态等视域。二是通过建立不同事物间的纵向和横向联系来解释历史事物。纵向联系是指不同时间段发生的事物的相互联系。横向联系是指同一时间段中不同地域发生的事物的相互联系。拓宽解释者的视域，从更加宏观的视角来确定某个历史人物在人类历史发展进程中的位置。

（5）规律性解释。通过对历史现象的分析，挖掘历史事物本身的发展规律或者该历史事件所反映的人类社会发展规律。在进行历史规律性解释的时候，一定要和唯物史观的运用结合起来，学会运用唯物史观的基本原理来分析历史现象，历史唯物史观是我们阐释历史规律的重要思维工具。规律性解释是历史解释的最高层次，也是难度最大的一种思维方式，需要我们不断加强抽象思维和理论思维的训练。

三、中国古代史中的“论赞”也是一种历史解释

【原典阅读】

《春秋左氏传》[1]每有发论，假[2]“君子”以称之。二《传》云“公羊子”“穀梁子”，《史记》云：“太史公”。既而班固曰“赞”，荀悦曰“论”，《东观》曰“序”，谢承曰“诠”，陈寿[3]曰“评”，王隐曰“议”，何法盛曰“述”，扬雄曰“撰”，刘昞[4]曰“奏”，袁宏、裴子野自显姓名，皇甫谧[5]、葛洪[6]列其所号。史官所撰，通称史臣。其名万殊，其义一揆[7]。必取便于时者，则总归论赞焉。

【注解】

1. 《春秋左氏传》：《左传》。

2. 假：假借，借助。

3. 陈寿（233—297）：西晋史学家，撰《三国志》。

4. 刘昞：西凉史学家，生卒年不详。

5. 皇甫谧（215—282）：编写《历代帝王世纪》《高士传》等书，在医学史上和文学史上都负有盛名。

6. 葛洪（284—364或363）：东晋道教学者、炼丹家、医药学家，著有《抱朴子》《史记钞》《汉书钞》《后汉书钞》等。

7. 一揆：一致，一样。

【译文】

《春秋左氏传》每次发表议论，都假借“君子”来表达。《公羊传》《穀梁传》称“公羊子”“穀梁子”，《史记》称“太史公”。然后班固称为“赞”，荀悦称为“论”，《东观汉记》称为“序”，谢承称为“诠”，陈寿称为“评”，王隐称为“议”，何法盛称为“述”，杨雄称为“撰”，刘昞称为“奏”，袁宏、裴子野显示自己的姓名来发论，皇甫谧、葛洪列出自己的名

号来称呼。史官修撰的史书，通称为“史臣”。虽然他们的名称多种多样，本意却是一致的。一定要取个便于当时人们叙述的名目，就可以总称为论赞。

【原典阅读】

夫论者，所以辨疑惑，释凝滞。若愚智共了[1]，固无俟商榷。丘明“君子曰”者，其义实在于斯。司马迁始限以篇终，各书一论。必理有非要，则强生其文，史论之烦，实萌于此。夫拟《春秋》以成史，持论尤宜阔略[2]。其有本无疑事，辄设论以裁之，此皆私徇[3]笔端，苟炫文彩，嘉辞美句，寄诸简册。岂知史书之大体，载削[4]之旨归[5]者哉?

【注解】

1. 了：明白。
2. 阔略：简明扼要。
3. 私徇：徇私，屈从私情。
4. 载削：修撰史书。载，记载。削，笔削，舍弃。
5. 旨归：原则、宗旨。

【译文】

所谓论，即用来辨明疑惑，解释难以弄清的史实。如果所有的人都明白，当然就没有必要再讨论了。左丘明的“君子曰”，其本质意义就在于此。司马迁开始限定在各篇之末，各发表一段议论。如果事理上不是确有必要，就会勉强发表议论，史论的繁杂，正是萌芽于此。仿照《春秋》撰成史书，发论尤其应简明扼要。其中本无疑惑的事，动辄发表评论来评判，这是私自放纵笔端，苟且炫耀文采，把美妙漂亮的词句写入史册，哪里能知道史书的重要原则、编撰史书的宗旨呢?

【原典阅读】

必寻其得失，考其异同，子长淡泊[1]有味[2]，承祚[3]偄缓[4]不切，贤才间出，隔世同科[5]。孟坚辞惟温雅，理多惬当。其尤美者，有典诰之风[6]，翩翩弈弈，良可咏也。仲豫义理虽长，失在繁富。自兹以降，流宕[7]忘返，大抵皆华多于实，理少于文，鼓其雄辞，夸其俪事。必择其善者，则干宝、范晔、裴子野是其最也，沈约、臧荣绪、萧子显抑其次也，孙安国[8]都无足采，习凿齿[9]时有可观。若袁彦伯[10]之务饰玄言，谢灵运[11]之虚张高论，玉卮无当[12]，曾何足云！王劭志在简直，言兼鄙野，苟得其理，遂忘其文。观过知仁，斯之谓矣。大唐修《晋书》，作者皆当代词人，远弃史、班，近宗徐、庾[13]。夫以饰彼轻薄之句，而编为史籍之文，无异加粉黛于壮夫，服绮纨[14]于高士者矣。

【注解】

1. 淡泊：纯美的意思。

2. 有味：意味深长。

3. 承祚：陈寿的字。

4. 偄缓：舒缓。偄，懦弱。

5. 同科：相同的品味。同，认同。科，品类。

6. 典诰之风：典、诰都是上古史书，指代上古史书典雅简洁的文风。

7 宕：恣意放荡，指文风随意。

8. 孙安国：孙盛，字安国。

9. 习凿齿：东晋著名文学家、史学家，著有《汉晋春秋》。

10. 袁彦伯：袁宏，字彦伯。

11. 谢灵运：南北朝时期著名诗人，山水诗派的开创者。曾奉敕修《晋书》。

12. 玉卮无当：语见《韩非子·外储说右上》。比喻事物尽管外表华美，但若不切实际，终是无用，就像没有底的玉杯一样。卮，古代酒器。当，底。

13. 徐、庾：指徐陵和庾信，齐梁时期的代表作家，文风绮艳浮靡，人称徐庾体。

14. 绮纨：华丽的丝织品。

【译文】

倘若一定要探讨他们的得失，考辨他们的异同，司马迁的评论醇厚而有深意，陈寿的评论漂亮舒缓而不浮躁，贤德之才陆续出现，不同的时代有相同的看法。班固文辞温婉雅致，说理恰如其分。其中特别精妙的，具有上古典诰的风范，文采翩翩高洁明了，确实值得诵读。荀悦的史论虽义理突出，但缺失在文辞繁复。自此以后，史论流于随意而不知约束，大致都是华丽繁富多于实在，义理少而文采多，卖弄其雄辩的文辞，炫耀骈俪的文采。如果一定要选出其中好的，那么干宝、范晔、裴子野是最优秀的，沈约、臧荣绪、萧子显则次之。孙安国完全没有可取之处，习凿齿偶尔有值得一读之处。像袁宏致力于妆点深奥的句子，谢灵运空谈高论，就像没有底的华美玉杯，不值一提。王劭追求简洁坦诚，言语中带有浅陋粗野，如果想表达一些道理，就会忘记了文采。考查一个人的过失就知道他的为人，说的就是这个道理。大唐重修《晋书》，作者都是唐代的文学之士，远离了司马迁、班固的宗旨，宗奉近代徐陵、庾信的文风。用那种经过粉饰的轻浮浅薄文辞，来编著形成史著的文字，这无异于让壮汉涂脂抹粉，让清高脱俗的隐士穿华丽的丝绸衣服。

【原典阅读】

史之有论也，盖欲事无重出，省文可知。如太史公曰：观张良[1]貌如美妇人；项羽重瞳，岂舜苗裔[2]。此则别加他语，以补书中，所谓事无重出者也。又如班固赞曰：石建[3]之浣衣，君子非之；杨王孙裸葬[4]，贤于秦始皇远矣。此则片言[5]如约[6]，而诸义甚备，所谓省文可知者也。及后来赞语之作，多录纪传之言，其有所异，唯加文饰而已。至于甚者，则天子操行，具诸纪末，继以论曰，接武[7]前修。纪论不殊，徒为再列。

【注解】

1. 张良：汉高祖刘邦的重要谋臣。

2. 苗裔：后裔，后代。

3. 石建：《汉书·万石君传》记载的孝子。

4. 杨王孙裸葬：《汉书·杨王孙转》载，杨王孙学黄老之术，临死前嘱咐儿子："吾欲裸葬，以反吾真。"其子遵照父亲的遗愿，是为孝。

5. 片言：一字半句。

6. 约：简约。

7. 接武：继承。武，脚印。

【译文】

史书中有论赞，是希望记事不重复出现，文字简省而含义兼备。如《史记》太史公曰：看张良相貌像个美丽的女子；项羽有双瞳仁，难道是舜帝的后裔。这是另外增加言论，以补充史书记载的不详，就是所谓事情不重复的例子。又比如班固"赞曰"：石建年老头白而仍为父亲洗衣，君子们批评他；杨王孙要求死后裸身下葬，比秦始皇贤德多了。这就是只言片语貌似简约，而多种意思都包含了，也就是所谓文字简省而含义兼备。到了后来论赞的创作，更多的是摘录纪传之中的内容，如果有所不同，只是增加了文字上的粉饰罢了。更有甚者，天子的品德行为，已详记于本纪之末，再接着用论曰，重复前面的内容。本纪和论赞没有区别，徒劳地重复。

【原典阅读】

马迁《自序》传[1]后，历写诸篇，各叙其意。既而班固变为诗体[2]，号之曰述。范晔改彼述名，呼之以赞。寻述赞为例，篇有一章，事多者则约[3]之使少，理寡者则张[4]之令大，名实多爽[5]，详略不同。且欲观人之善恶，史之褒贬，盖无假于此也。

【注解】

1. 《自序》传：司马迁《史记》有《太史公自序》，叙述各篇大意和撰述宗旨。

2. 诗体：班固《汉书》仿照《史记》体例在序传后历述各篇要义，仿照诗歌形式，为四言句。

3. 约：删削。

4. 张：夸大，扩大。

5. 爽：违背，不和。

【译文】

司马迁在《自序》篇后，一一列出各篇篇目，叙述各篇的大意。紧接着班固改变其为诗体形式，叫作“述”。范晔改变“述”的名称，称为“赞”。推究述、赞的体例，每篇都有一章，史事多的就简省一些使篇幅变少；义理少的就扩充一些让篇幅扩大，名称与内容大多不符，详与略不尽相同。而且想要考查人的善恶，史书的褒与贬，大概不需借助这种做法。

【原典阅读】

然固之总述合在一篇，使其条贯有序，历然可阅。蔚宗[1]《后书》[2]，实同班氏，乃各附本事[3]，书于卷末，篇目相离，断绝失次。而后生作者不悟其非，如萧、李[4]《南、北齐史》，大唐新修《晋史》，皆依范《书》误本，篇终有赞。夫每卷立论，其烦已多，而嗣论以赞，为黩弥甚。亦有文士制碑，序终而续以铭曰；释氏演法[5]，义尽而宣以偈言[6]。苟撰史若斯，难与议夫简要者矣。

【注解】

1. 蔚宗：范晔字。

2. 《后书》：《后汉书》。

3. 本事：本书各篇大意。

4. 萧、李：萧子显、李百药。

5. 释氏演法：释迦牟尼阐述佛法，此处泛指佛教徒说法。

6. 偈言：偈语。佛教徒演法、阐述教义后，要唱一段韵文作为结束语，即偈语。

【译文】

然而，班固总汇论赞在同一篇中，使它条理连贯井然有序，清晰可读。范晔《后汉书》，实质上和班固《汉书》相同，但各自附录各篇大意，写在各卷的末尾，篇章和内容相互分离，联系断绝，失去了次序。而后来的作者不能领悟范晔的失误，就像萧子显、李百药的《南、北齐史》，大唐创新编修的《晋书》，都继承了范晔《后汉书》的错误，每篇末尾都有赞。每一卷都设立“论”，已经够繁琐了，接着“论”又写“赞”，冗繁更加严重。这就像文士之作碑文，叙述到最后还要续上“铭曰”；就像佛教徒说法，佛理讲完后又以偈语作结束。如果撰写史书如此，就难以讨论简要的话题了。

【原典阅读】

至若与夺[1]乖宜[2]，是非失中，如班固之深排贾谊[3]，范晔之虚美隗嚣[4]，陈寿谓诸葛不逮管、萧[5]，魏收称尔朱可方伊、霍[6]，或言伤其实，或拟非其伦。必备加击难，则五车[7]难尽。故略陈梗概，一言以蔽之。

【注解】

1. 与夺：取舍，此处指评价。

2. 宜：适宜，恰当。

3. 班固之深排贾谊：《汉书·贾谊传》中班固斥责贾谊在处理匈奴问题上提出五饵、三表的计策粗陋。

4. 范晔之虚美隗嚣：《后汉书·隗嚣传》评价他有死士之节，只是时运不济。

5. 陈寿谓诸葛不逮管、萧：陈寿《三国志·蜀书·诸葛亮传》认为诸葛亮有治国之才，但是应变将略不如管仲、萧何。

6. 魏收称尔朱可方伊、霍：魏收撰成《魏书》一百三十篇，记载了鲜卑拓跋部早期至东魏被北齐取代这一阶段的历史。《魏书·尔朱荣传》评价尔朱荣对抗外族可与伊尹和霍光相提并论。尔朱，即尔朱荣，后魏人。

7. 五车：形容书多。“五车难尽”犹言“罄竹难书”。

【译文】

至于评价不恰当，是非褒贬失公允，例如班固深刻地贬斥贾谊，范晔极力地夸大美化隗嚣，陈寿说诸葛亮不及管仲、萧何，魏收说尔朱荣可以与伊尹、霍光并称，有的评价言过其实，有的评价类比不当。如果一定要批评指责的话，那么用五车书也难以说尽。所以只能大略地陈述梗概，用一句话来概括了。

【内容简析】

本篇文章讨论了纪传体史书中论赞的起源，名称的变化，撰写的目的、原则以及历代史书中论赞内容的得失。

论：分析判断事物的道理。赞：夸奖，称扬。

论赞，作史者用以议论史事、表达思想的文体。用以阐发作者或注家对人物、事件的评论。许多论赞成为后人研究作者史学思想的最直接、最重要的资料。

论赞是史书的一种体裁，如《左传》中的“君子曰”，《史记》每篇末的“太史公曰”等。《汉书》易名为“赞”，《后汉书》改称“论”，而又系之以“赞”。《新五代史》虽不另加标题，每篇皆以“呜呼”二字发端，亦近此类。至于《资治通鉴》，司马光随感而发，更不限于篇末，意之所在，“臣光曰”比比可见。后人注解前史，也有“论赞”之作。唐司马贞撰《史记索隐》，即有“赞”一百三十篇，附在史传后面的评语。荀悦《汉纪》称“论”，陈寿《三国志》称“评”，谢承《后汉书》称“诠”，其他或称“议”，或称“述”，名称不一。

论赞的目的是“辨疑惑，释凝滞”，使“事无重出，文省可知”。论赞具有提要钩玄，归纳总结，揭示篇旨，增补资料，扩大新知，总结经验，帮助读者理解史书，了解史书作者的思想、观点、学术水平等的重要功能，是我国古代历史解释、历史评论和史学批评的一个重要内容和基本形式。

古代史书的纪传篇，叙事和议论是分开的，总是记述史实在前，评论史实在后，一分为二，合二而一，构成一篇纪传。某些编年体史书和郡志也有这种体例。叙事，是客观的记述；议论，是著者发表的关于史事的思想、主张、见解。这些议论，也就是史评、史论。

司马迁的“太史公曰”，就是对所记的人物史实的议论，是《史记》的灵魂，是司马迁的历史批判。“太史公曰”使论赞一体空前完备、精致，故对后世影响极大。可以这样说，“太史公曰”是论赞一体的代表作。

四、历史解释的任务

【原典阅读】

将零散而混乱的过去信息整理成有条理的历史知识是历史解释的基本任务；探讨因果是历史解释的重要形式。

——李剑鸣：《历史学家的修养和技艺》

【内容简析】

《普通高中历史课程标准》要求历史解释要“通过对史料的搜集、整理和辨析，辩证、客观地理解历史事物”。

历史解释要引导学生有条理地整理历史知识，经过“润物细无声”地滋养和“当春乃发生”地孵化，让学生的思维不断向纵深发展，实现认识从现象到本质的迁移，探讨因果联系，厘清逻辑关系，进而把握历史发展的脉络和规律。

五、历史的解读与评价

1. “历史理解之同情”

【原典阅读】

凡著中国古代哲学史者，其对于古人之学说，应具了解之同情，方可下笔。盖古人著书立说，皆有所为而发。故其所处之环境，所受之背景，非完全明了，则其学说不易评论，而古代哲学家去今数千年，其时代之真相，极难推知。吾人今日可依据之材料，仅为当时所遗存最小之一部，欲借此残余断片，以窥测其全部结构，必须备艺术家欣赏古代绘画雕刻之眼光及精神，然后古人立说之用意与对象，始可以真了解。所谓真了解者，必神游冥想，与立说之古人，处于同一境界，而对于其持论所以不得不如是之苦心孤诣，表一种之同情，始能批评其学说之是非得失，而无隔阂肤廓之论。否则数千年前之陈言旧说，与今日之情势迥殊，何一不可以可笑可怪目之乎？

——陈寅恪：《冯友兰中国哲学史上册审查报告》

【内容简析】

史学家陈寅恪先生提出的“历史理解之同情”，即强调要站在当事人所处的时代思考和评价历史事件，是史学界研究历史事物的基本原则之一。

张旭东先生在《陈寅恪先生所谓“瞭解之同情”》一文中说：“我们看到，陈氏治史素重研究‘环境之熏习，家世之遗传’，即论其世而知其人、设其身而处其地之法。古人厌恶‘才接耳目，便下唇吻’，刚刚看到什么，就下判作评论。”这种态度就是要求深入进去，反对见风就是雨，主张筹烂谋深。

然而供其“筹烂谋深”的资料有限，《上册审查报考》中说“吾人今日可依据之材料，仅为当日所遗存最小之一部”，“或散佚而仅存，或晦涩而难解”。要想把这些断片“连贯综合”，必须“神游冥想，与立说之古人，处于同一境界”。在细节了解不多的情况下，要做到“设身处地”，他提出的办法是“神游冥想”，用以重建历史场景。这里有两点：第一，“神游冥想”是一种能力，即另一处所提到的“欲借此残余断片，以窥测其全部结构，必须备艺术家欣赏古代绘画雕刻之眼光及精神，然后古人著书立说之用意与对象，始可以真了解”。要培养这种能力。第二，这种“神游冥想”同时也带来了危险，陈先生很清醒而自觉地认识到这一点。他说：“但此种同情之态度最易流于穿凿附会之恶习。”这是带来的问题。在不具有这种“眼光与精神”的情况下，而欲以今人之身入古人之境，必流于穿凿附会。以今入古不能，变成以今律古。“则著者有意无意之间，往往依其自身所遭际之时代，所居处之环境，所熏染之学说，以推测解释古人之意志。由此之故，今日之谈中国古代哲学者，大抵即谈其今日自身之哲学者也。所著之中国哲学史者，即其今日自身之哲学史者也。其言论愈有条理统系，则去古人学说之真相愈远。此弊至今日谈墨学而极矣。”本欲重建现场，探古人著述之初心，不意今古混淆，不知身在何处、今夕何夕。

陈先生所谓“同情”，不同于今人恒言之“同情”，而略似所言“趋利避害，古今同情”之“同情”，即“同样之情形”或“同等之情绪”。“取材谨严”扣着“瞭解”，“持论精确”扣着“同情”。上面所述第一条里面所谓“必须备艺术家欣赏古代绘画雕刻之眼光及精神，然后古人著书立说之用意与对象，始可以真瞭解”，“用意”之外尚有“对象”二字，所扣正在“取材”。取材谨严之后，方能不迷路，而沿着古人路径，设其身而处其地，探其初心得其本意，产生同情，发生共鸣。

陈寅恪先生在这里重点强调了要进行“了解的同情”“历史的评价”。

历史评价指人们对历史人物、事件等一切历史现象从价值角度所做的认识。历史评价作为对历史的价值性认识，重在给出对历史人物和历史事件的历史作用、意义、局限等的认识，是历史认识或史学研究不可缺少的一环。更有西方历史学家认为评价是历史学的本质。

今天，如何进行历史评价?

要坚持把握一个标准。生产力是历史发展的终极动力，是历史的重要组成部分，也是评价历史现象最根本的标准。我们在历史评价中要看历史人物或历史事件是否顺应了历史发展的潮流，是否符合人民的利益和愿望，是否促进生产力的发展。在历史上，凡是促进生产力与人类社会发展的人和事都是进步的，反之，则是消极的、落后的。

要善于运用三个观点：一要用历史的眼光进行历史评价，将评价对象置于特定的历史环境或特定的时空中去评价，就是把历史事件、人物、观点放到当时的历史条件下进行考查、评论，不能以我们现在的眼光去苛求古人。二要坚持历史唯物主义基本方法，用辩证的观点，全面地、一分为二地考查、分析评价对象，讲清评价对象的积极性和消极性、进步性和落后性。三要用发展的眼光进行历史评价，要以史为鉴，从现实的角度追溯历史，追寻历史和现实的联系，与时俱进。

要坚守一个基本方法。“论从史出”“史论结合”是学习、研究历史的基本原则和方法。评价历史不能空穴来风，不能主观臆断，所有的结论都要来源于事实，坚持“不惟书、不惟上、不惟师”的精神，才能得出公正、客观、合理的结论。

2. 解释历史要重视“历史意见”

【原典阅读】

因此要讲某一代的制度得失，必须知道在此制度实施时期有关各方意见之反映。这些意见，才是评判该项制度之利弊得失的真凭据与真意见。此种意见，我将称之曰历史意见。历史意见，指的是在那制度实施时代的人们所切身感受而发出的意见。这些意见，比较真实而客观。待时代隔得久了，该项制度早已消失不存在，而后代人单凭后代人自己所处的环境和需要来批评历史上已往的各项制度，那只能说是一种时代意见。时代意见并非全不合真理，但我们不该单凭时代意见来抹杀已往的历史意见。

——钱穆：《中国历代政治得失》

【内容简析】

对同一历史事件，在不同的时空背景下，人们对它的解读有所不同。所以我们在历史解释、历史评价的过程中要强调“历史的解释”和“历史的评价”。就是要把历史事件放到当时的历史背景中去解释、去评价，要充分考虑当时的政治、经济环境，考虑当时事件发生时人们的意见。

钱穆先生强调历史研究既要重视“时代意见”，又要重视“历史意见”。他认为“我们此刻重视这些历史意见，其意正如我们之重视我们自己的时代意见般。这两者间，该有精义相通，并不即是一种矛盾和冲突。”

3. “一切历史都是当代史”

【原典阅读】

因为，当生活的发展逐渐需要时，死历史就会复活，过去史就变成现在的。罗马人和希腊人躺在墓穴中，直到文艺复兴欧洲精神重新成熟时，才把它们唤醒。文明的原始形式既粗陋又野蛮，它们静卧着，被忘却了，很少被人关注，或被人误解，直到称作浪漫主义和王朝复辟的欧洲精神的新阶段才获得

“同情”，即是说，才承认它们是自己现在的兴趣。因此，现在被我们视为编年史的大部分历史，现在对我们沉默不语的文献，将依次被新生活的光辉所照耀，将重新开口说话。

这些复活都有着完全内在的动因，无论多少文献和叙述都不能使它们再生。相反，它们自身在收集文献和叙述并放置面前，缺少它们，文献和叙述就会分散零落和毫无生气。若不从精神本身即历史这一原则出发，将根本不能理解历史思维的实际进程，实际上，精神每时每刻都是历史的创造者，也是全部以前历史的结果。因此，精神含有其全部历史，历史又同精神一致。忘却精神的一面而记住另一面，那仅是精神生活的节奏本身，精神在自身确定和个性化中活动，并永远把以前的确定和个性化变为不定和非个性化，以便创造出更丰富的确定和个性化。可以说，精神复活，其历史无需通常所说的叙述和文献那些外物，就可进行生动的内在回想；而那些外物仅是它制造的工具和回想前的准备活动，在其回想进程中，叙述和文献都消融了。为了那一实践，精神肯定并审慎地保存“过去的回忆”。

——克罗齐：《历史学的理论和历史》

【内容简析】

克罗齐在《历史学的理论和历史》中提出“一切历史都是当代史”，即唯有当前的兴趣和要求才促使我们研究过去，激活过去，将编年史转变为历史，这种活的历史、真的历史恰恰因为活在当下才可以称为当代史。

清华大学人文学院副院长、历史系教授彭刚在《精神、自由与历史》一文中解读这一论断。克罗齐认为：“历史学家总是以自己的精神世界来拥有和融入历史世界的，历史研究之不同于自然科学，很重要的一点就在于前者中的研究者和研究对象都是同一个人类的精神，主客二者同为一体。历史与生活的统一，意味着历史就是现实的精神生活。不能把自己的精神融入历史中，得到的就不可能是真历史而只能是编年史。一切历史都是当代史，其中的一层涵义理所当然地就是，我们必须以自己的精神世界来融入和领会过去的历史。”强调克罗齐说的“因为当生活的发展需要它们时，死的历史就会复活，过去史就会变成当代史”“历史应当永远力求主观”。这里的主观当然并不是说要依自己的主观爱好和情感来涂抹历史，而是指历史学家要以自己的心灵去感受和理解历史，并以此赋予历史以内在的生命力。

六、单元总结

“历史解释”解释什么？①

李年华

什么是历史解释？《普通高中历史课程标准（2017年版）解读》认为：“历史解释是以时空观念为前提，以史料实证为支撑，以历史理解为基础，有意识地对过去提出理性而系统的具有因果关系的叙述。”这揭示了历史解释的内容是“理性而系统的具有因果关系的叙述”。

历史解释涉及时空观念、史料实证、史学理论、家国情怀等多项核心素养，具有主观和客观相结合的特征，是核心素养中的核心能力。历史是死的，因解释而有活力。历史之所以常讲常新，具有蓬勃的生命力，归功于与时俱进的历史解释，这些历史解释或因有新的史料，或因有新的理论，或因有新的视角，或因时代的变迁需要从传统中寻找继承的资源。

本文以宗教改革为例，从历史解释的内容维度进行阐述。之所以以宗教改革为例，是因为宗教改革十分重要。在西方思想解放的历程中，宗教改革上接文艺复兴，下促启蒙运动；宗教改革也是影响西方国家发达程度的重要因素，学术界已经有了很多研究，认为新教伦理促进了资本主义精神的产生和发展，典型代表是德国哲学家马克斯·韦伯所写的《新教伦理与资本主义精神》。历史解释的内容十分丰富，所有的历史叙述在本质上都是对历史的解释。但是中学阶段的历史解释需要重点讲清历史线索、历史原因、历史影响、历史价值四个关键要素，这些体现了我们历史学科的特点，也是我们历史学科的责任担当。

① 选自《历史教学》2019年7月。

一、解释历史线索

广东省历史教研员魏恤民老师曾经指出，历史有三大要素：时序、变迁、因果。历史线索体现了时序和变迁。只有讲清历史线索，才能找准历史定位，总结历史规律；只有讲清历史线索，才能在纵横对比中归纳阶段特征。

公元1世纪，基督教在古罗马帝国的巴勒斯坦省诞生，从被压迫者的宗教逐渐变为统治者的宗教。公元392年，罗马皇帝正式宣布基督教为罗马帝国国教。395年罗马帝国分裂后，基督教也分裂为以罗马为中心的天主教（公教）和以君士坦丁堡为中心的东正教（正教）。476年西罗马帝国灭亡后，天主教会经历了教权与王权之争并取得了优势地位，形成以罗马为中心、跨越国界的西欧天主教世界，国王听命于教皇。1077年德国皇帝亨利四世向教皇格里高利“负荆请罪”的“卡诺莎之辱”就是明证。教会垄断了文化和教育，迫害“异端”，实行精神独裁，这一时期被称为“黑暗的中世纪”（这一时期中国经历了繁荣的唐宋时期）。到16世纪初，马丁·路德、加尔文进行宗教改革，受宗教改革影响，英国先后出现了国教、清教徒运动。路德教、加尔文教、英国国教、清教徒运动，构成了宗教改革的基本格局。受到宗教改革的压力与影响，天主教本身也进行了一些改革。这就是基督教的基本线索。

“原罪”和“救赎”是基督教的重要思想。如何才能“救赎”？天主教会主张“因行称义”，即依靠以教皇为首的教阶制度和复杂的圣礼才能得救。与之针锋相对，马丁·路德主张“因信称义”，主张只有靠信仰才能得救，揭露和批评“赎罪券”的骗局。加尔文提出“先定论”，鼓励个人奋斗以证明自己是上帝的“选民”。加尔文的思想也影响了英国的清教徒运动。

把宗教改革放在这个宏观线索中，才可以看清新教与旧教的区别（“因行称义”与“因信称义”）、宗教改革的必要性（教会的腐败与精神独裁）、新教的本质（资产阶级反封建的斗争）、新教的价值（新教推动了近代化进程）。

二、解释历史原因

因果联系是历史事件之间最本质的联系，也是历史解释的核心内容。只有讲清历史原因，我们对历史才可以知其然又知其所以然，并从中吸取经验教训。如何分析历史原因？在特定的背景下分析原因是唯物史观的基本要求，特定的历史背景包括时间、空间、人物、环境，其中时空是最基本的要素，“历史解释是以时空观念为前提”的。

历史学科的时空包括历史时序和历史地理。

宗教改革为什么发生？宗教改革有三个重要的时间和空间：1517德国、1536瑞士、1534英国。1517年马丁·路德在德国发表《关于赎罪券的功效》（《九十五条论纲》），揭开宗教改革的序幕；1536年加尔文发表《基督教原理》，在瑞士进行宗教改革；1534年的英王爱德华八世颁布《至尊法案》，正式宣布国王为英国教会的最高首脑。从三个时间来看，都是16世纪初，空间都是西欧。把宗教改革放在16世纪初的西欧来考查，改革的原因就清楚了。其一，旧的秩序笼罩着西欧，虽经过14世纪的“阿维农之囚”，天主教会的威信受到影响，但天主教会仍然拥有超越国家的权力。德国四分五裂成为罗马教廷的“奶牛”，是“赎罪券”的重灾区。其二，这一历史时期恰是新航路开辟后西欧资本主义快速发展的时期，新的经济催生了新的阶级，新的阶级成为动摇旧秩序的革命力量。世俗政权不满足于匍匐在教会的脚下，需要建立强大的王权，因此宗教改革得到了诸侯国的支持。英国的国教本质上是英国国王与罗马教皇的权力之争。其三，宗教改革也是一次思想解放运动，得益于文艺复兴的思想解放。

三、解释历史影响

历史影响也是历史事件之间内在联系的重要表现。分析历史影响，需要有历史眼光。所谓历史眼光，就是能够把某个历史现象放在一个较长的时段，发现它对其他历史事件或显性、或隐性的影响。

对宗教改革的影响，岳麓版教材认为宗教改革“为西欧的思想解放、为人类不断认识自己的历史写下了发人深省的一页”。如果我们把眼光放长远些，综合分析中学阶段的相关历史知识，可以看到宗教改革的影响广泛而深刻，对西欧民族国家的形成、对英国资产阶级革命、对美国的立国乃至对整个资本主义经济的发展都起到推动作用。

第一，宗教改革推动了民族国家的形成。民族国家应该是一个独立自主的政治实体。“中古西欧国家制度的一个重要特征，是王权和基督教会长期并立。国王依靠教会支持获得政权的合法性；教会依靠王权扩展基督教，维护教会权威。”在中世纪教皇统治下，民族国家是不存在的。罗马教廷拥有超国家的权力，教皇英诺森三世曾经说：“教皇权力好比太阳，国王权力好比月亮，它的光是向太阳借来的。”宗教改革有利于民族国家的形成，英国和荷兰、瑞典、挪威、丹麦等北欧诸国比较典型，德国的历史进程更曲折些。这种有利主要表现在两方面：一是宗教改革使权力由教会向政府转移。“德国宗教改革运动通过一系列改革措施，纠正了教会凌驾于国家之上的错误，使政府在政治、经济、社会等各个领域全面地担负起了行政职责，从而捍卫了国家主权和国家核心利益。”二是宗教改革促进了民族文化的发展。在宗教改革运动过程中，马丁·路德将《圣经》译成德文，其他西欧国家也都先后出现了本民族语言的《圣经》译本。“强调阅读《圣经》的确提高了大众的识字率，为除宗教以外的书籍和思想的传播敞开了大门。”

第二，清教徒运动推动了英国资产阶级革命。英国的国教本质上是英国国王与罗马教皇权力之争的产物，并没有完成宗教改革的任务，因此在英国出现了要求清除英国国教中天主教残余的“清教徒运动”。英国的资产阶级革命，首先是从清教徒反对英国国教开始的。在内战中，资产阶级、新贵族、自耕农和城市平民大多是清教徒。清教徒构成了议会军的主力，议会军在著名的清教徒将领克伦威的指挥下打败了王党军队。“1689年、1701年又先后颁布《权利法案》和《王位继承法》，明文规定政教分离，国王必须由新教徒担任，从而杜绝了天主教在英国恢复的可能性。”清教徒运动推动了英国资产阶级革命，资产阶级革命促进了欧洲近代资产阶级代议制民主的确立，因此清教徒运动对英国的政治民主化进程起到了发轫作用。

第三，清教徒精神是“美国精神”的源头。所谓美国精神，主要有两个来源：一是清教徒精神，二是启蒙思想。由于在英国受到迫害，一部分清教徒逃到北美，1620年9月6日，载着102人的“五月花号”在清教徒牧师布莱斯特率领下历经艰辛到达北美。在登陆前，经过协商制定了由清教徒主导的《五月花号公约》。《五月花号公约》树立了一个自治的典范，孕育了美国立国的若干原则，美国几百年的根基就建立在这短短的几百字之上，信仰、自愿、自治、法律、法规，这些关键词跨越时空仍然熠熠生辉。首批清教徒在北美洲站稳脚跟，一批批后来者披荆斩棘，终于开辟出北美的广阔天地。信仰与信心、“不自由毋宁死”、重契约守规则，这些所谓的“美国精神”，其源头正是清教徒精神。

第四，新教伦理有利于资本主义经济的发展。在早期的基督徒看来，工作是贬低身份的行为。宗教改革的思想家们用“重回原典”为口号，纠正中世纪天主教会对天主教教义的歪曲，加尔文发掘了基督教“禁欲”的古典教义并赋予其新意义，认为工作本身是一种值得赞美的行为。加尔文称“世界就是我们的修道院”，将信仰生活与现实生活相结合，用勤奋的工作和节俭的生活实现个人的“救赎”，以此证明自己是上帝的“选民”并在现世“增加神的荣耀”。新教徒拼命地挣钱、拼命地省钱、拼命地捐钱。凡是经历过宗教改革洗礼的国家，往往也是资本主义比较发达的国家。这些新教伦理成为资产阶级奔走世界各地、创造财富、实现人生价值、彰显上帝荣耀的精神动力。

综合以上影响，可以看出宗教改革推动了西欧乃至北美的近代化进程。当然，宗教改革也造成了新的宗教权威，加强了国王的权威，这些外在的权威成为后来启蒙运动的矛头所向；宗教改革也是后来惨烈宗教战争的一个诱因。历史影响总是复杂的，但宗教改革的积极影响仍然是主要的。

四、解释历史价值

历史价值包括过去的时代价值、现在的时代价值（当代价值）。解释历史价值要重视价值的重新发现，正如意大利历史学家克罗齐所说，“一切历史都是当代史”，人们总是从当代的立场出发，以当前为参照来观察和认识历史的价值。历史价值体现了“家国情怀”，也往往成为一节课的教学立意。只有解释清楚历史价值，我们才明白在无限丰富和复杂的历史中，为什么要学习和研究这一特定的历史。

历史解释的内容非常丰富，除了以上四个关键要素，当然还有其他要素，如历史事件的人物、与人物活动相关的思想、历史事件的过程、历史的阶段特征、不同时代对这一历史事件的解释以及历史解释的逻辑等，但抓住关键要素无疑能够在时间有限的课堂让学生更好地理解历史。

本章自主学习检测

【历史解释例析】

1. 历史比较——横向比较与纵向比较

（1）历史比较研究是指把两种或两种以上的同类史实进行鉴别、分析的一种思维方法。比较法包括以空间为准的横向比较和以时间为序的纵向比较。

（2）横向比较是对同时并存的同类事物的不同对象在同一标准的条件下进行比较的一种手段，主要是从空间角度，对不同民族、不同地域、不同国家的历史现象进行比较。通过以上的横向比较，从相同之处出发，寻求其中的差异，进而揭示其内在的规律，从而促进自身知识同化和能力的形成，以便从整体上来把握历史的发展。

（3）纵向比较主要是从时间角度，对同一民族、同一区域、同一国家的不同历史时期、不同历史阶段、不同发展层次的历史现象进行比较。通过比较同一事物在不同时期的形态，从而认识事物的发展变化过程，揭示事物的发展规律。比较是理解此事物不同于彼事物的“钥匙”，它既是一种高考测试所需的能力要求，更是一种进行历史研究的思维方法。

【示例1】下表是《宋代宰相祖辈任官情况表》，据学者研究整理而成，反映出两宋时期（　）

曾祖、祖父或父亲任官情况	宰相数量 / 人	
	北宋（71）	南宋（62）
高级官员	20	8
中级官员	15	10
低级官员	12	8
无官职记录	24	36

A. 世家大族影响巨大

B. 社会阶层流动加强

C. 宰相权力日益下降

D. 科举制度功能弱化

解析：材料中从北宋到南宋，曾祖、祖父或父亲任官的宰相人数在减少，世家大族影响削弱，故A项错误；随着宋代科举制的发展，材料中无官职记录的平民子弟担任宰相的人数增加，从而跻身社会上层，加强社会阶层流动，故B项正确；材料反映了宰相的来源，与其权力变化无关，故C项错误；材料反映出宋代科举制促进社会阶层流动，功能加强，而不是弱化，故D项错误。

答案：B

2. 历史推理——观点鲜明与评价准确

（1）由于历史知识积累、历史思维运用、历史方法选择的不同，对相同的历史现象的理解在全面性、准确性和深刻性上会存在较大差异。

（2）人们通过多种不同的方式解释历史和评价历史，对历史事物进行价值判断。历史评判是建立在对历史事实的掌握、理解、解释的基础上的，也是历史观、价值观和世界观的体现，历史解释要求观点鲜明、评价准确。

【示例2】阅读材料，完成下列要求。

材料　1889年，两广总督张之洞从英国预购炼铁机炉，有人提醒先要确定煤、铁质地才能配置合适的机炉，张之洞认为不必“先觅煤、铁而后购机炉”。张之洞调任湖广总督，购得大冶铁矿，开始筹建汉阳铁厂，由于找不到合适的煤，耗费六年时间和巨资，仍未能炼出合格的钢铁。盛宣怀接手后，招商股银200万两，并开办萍乡煤矿，但由于原来定购的机炉不适用，依然未能炼出好钢，只得贷款改装设备，才获得成功。通过克服种种困难，汉阳铁厂成为中国第一家大型的近代化钢铁企业。1949年后收归国有。

——摘编自陈真《中国近代工业史资料》

材料提供了一个中国近代企业发展的案例，蕴含了现代化的诸多启示。从材料中提炼一个启示，并结合所学中国近现代史知识予以说明（要求：观点明确，史论结合，言之成理）。

解析：首先，分析材料信息，提炼观点，如近代企业发展需要科学管理模式等；其次，根据论题从材料中提取互相关联的历史信息，如“找不到合适的煤，耗费六年时间和巨资，仍未能炼出合格的钢铁”“由于原来定购的机炉不适用，依然未能炼出好钢，只得贷款改装设备，才获得成功”，结合近现代企业发展的史实得出近现代企业发展离不开科学管理模式；最后，根据提取的相互关联的历史信息，结合史实予以阐述，表述成文。

答案：启示：科学的管理是近代企业成功的保障。

说明：19世纪60年代，洋务运动兴起，创办了军事工业和民用工业，采取落后的封建管理或“官督商办”方式，缺乏科学技术的指导，未能使中国走上自强求富的道路；1984年城市经济体制改革拉开序幕，中心环节是增强企业的活力，管理体制上实行政企分开，简政放权，使企业自主经营、自负盈亏，调动了企业积极性，增强了企业活力，促进了经济发展。由此可知，在企业发展过程中，科学的管理方式是企业改革成功的保障。

3. 计量史学——定量分析与转换思维

（1）计量史学体现了历史解释要有丰富的想象力，计量史学的材料大都是由各种数据构成的，要求进行定量分析、转换思维。

（2）解答计量史学类题目应注意三点。

①两头看，项间比。两头看：看头——看对材料的概括说明，包括对材料内容的说明，尤其要注意时间、地点等。看尾——看材料的出处和针对材料所提出的问题。项间比：按材料所给信息找备选项比较或分析，找出数字变化或获取特殊数字的含义。

②察变化、译文字：把发掘的数字变化或特殊数字的信息，译成文字信息。

③联教材、掘信息：根据译成的文字信息，联系教材，揭示其深层隐含信息。

【示例3】下表为《1929—1931年美国部分行业工人周工资变化表》。

类别	1929—1930年	1930—1931年
烟煤业	−12.3%	−19.1%
金属矿业	−6.6%	−18.3%
制造业	−7.2%	−11.3%

据表可知，当时美国（　　）

A. 最低工资标准失效

B. 产业结构迅速调整

C. 经济危机不断加深

D. 政府财政支出锐减

解析：美国工人最低工资标准是在1933年罗斯福新政中订立的，不符合时间限制，故A项错误；材料只反映出美国部分行业工人周工资变化，与产业结构的调整无关，故B项错误；材料反映出美国部分行业工人周工资不断下降，劳资矛盾加剧，经济危机不断加深，故C项正确；材料只反映出美国部分行业工人周工资变化，与政府财政支出的变化无关，故D项错误。

答案：C

4. 深入研究，综合分析，撰写历史

【示例4】（2021年高考）阅读材料，完成下列要求。

材料一　“把这些研究成果发表出来，是为了保存人类的功业，使之不致由于年深日久而被人们遗忘。”这是希罗多德（约前484—约前420）所撰《历史》一书的开篇之语。在此之前，对于希腊人而言，神话就是他们的历史。《历史》前半部分以追问希腊与波斯之间战争的原因为起点，记载了希腊、西亚、北非等地的地理环境、民族分布、历史往事等内容，后半部分叙述希腊城邦与波斯之间战争的全过程，故该书又被称为《希波战争史》。它继承了《荷马史诗》的叙事方式，又本着“研究”的精神，常常分辨传说的真假与异同。作者赞扬雅典人，却并不肆意诋毁“异邦人”，承认东方民族具有比希腊更古老的文明。书中的不少记述是作者亲自调查得来的史实，如在埃及通过询问当时作为知识分子的僧侣，掌握了大量历史和文化知识。书中许多记载为后世的考古发掘和研究所证实。

——摘编自张广智《西方史学史》

材料二　《史记》由西汉史学家司马迁（约前145—？）所著，记载了自黄帝到汉武帝两三千年间的历史，也叙述了汉朝周边各民族如朝鲜、匈奴和中亚、南亚各地的史实。全书以编年叙事的帝王“本纪”为纲，以人物“列传”为主体，被称为“纪传体”，成为后来历代官修史书的正宗。司马迁以儒家的历史观为宗旨，在前代深厚的历史学积淀基础上，坚持“原始察终、见盛观衰”的著史原则，常常表达自己对于历史现象的认识甚至疑惑。《史记》充分利用各类先秦文献、汉朝政事档案等，客观、如实地叙述史实，并佐以司马迁的游历见闻及民间传说，力求“通古今之变，成一家之言”。

——摘编自瞿林东《中国史学史纲》

（1）根据材料并结合所学知识，概括希罗多德与司马迁作为伟大历史学家的共同之处。

（2）根据材料并结合所学知识，分别说明《历史》与《史记》产生的历史背景。

（3）根据材料并结合所学知识，简述撰写史书应该包括的要素。

【参考答案】

（1）注重多方搜集史料和比较鉴别；如实记述历史，保持客观公正的立场；探究历史来龙去脉，为后世提供借鉴；注意史书的文辞修饰，有很高的文学性。

（2）《历史》产生的背景：之前希腊把神话当成历史，缺乏真正的历史记载；以雅典为首的希腊城邦在希波战争中获胜；希腊民主政治进入黄金时期，经济文化迅速发展；在人文主义思潮影响下，对历史、地理、民族等人文因素的关注和重视增加。

《史记》产生的背景：汉武帝时代，政治上中央集权君主专制得到加强；经过汉初的努力，经济繁荣，国力强盛；思想上罢黜百家独尊儒术，重视文化教化，重视修史的传统；民族关系上凿通西域，北击匈奴；对外开通丝绸之路；司马迁个人的抱负、经历等。

（3）要素：体例、史料、史观、史识、史法。

5. 历史人物评价

【示例5】（2020年新课标全国Ⅱ卷高考，47）【历史选修4：中外历史人物评说】

材料　竺可桢（1890—1974），中国杰出的科学家和教育家。1918年，他怀抱“科学救国”理想从美国回到中国。1920年，他与柳诒徵共同主持南京高等师范学校史地学部，培养了胡焕庸等一批地理学家和气象学家。1927年，筹建中央气象研究所，后出任所长。抗战前夕，中央气象研究所在各省设置40多个气象站和100多个雨量站，出版了《中国气象资料》，为我国的气象学奠定了基础。他认为“学理之研究重于物质之享受”，于艰难环境中苦心创业。新中国成立后，竺可桢亲自主持和筹建中国科学院地理研究所，领导或指导了我国地理的综合考察、自然区划、历次地理学规划等工作。根据国家需要，他又组织了西北沙漠、西南南水北调地区以及黑龙江等省区的考察，为国家建设提供了参考数据。

——摘编自《竺可桢全集》

（1）根据材料，概括竺可桢对中国科学发展的贡献。

（2）根据材料并结合所学知识，简析竺可桢取得成就的原因。

【参考答案】

（1）贡献：培养科学人才；推动中国气象学、地理学的发展；筹建和主持多个科研机构和科学研究项目；将科学成就应用于国家建设。

（2）原因：献身于科学的精神，爱国精神；治学严谨，强调科学实践；国家的支持和建设的需要。

【习题快练】

1. 美国国际关系理论大师肯尼思·华尔兹指出，“冷战”期间，“从利害关系的大小和斗争的力量来看，意识形态在美国和苏联的外交政策中都从属于利益，这两国的行为与其说是像救世主领导人的行为，不如说是传统大国的行为”。这段材料反映出美苏“冷战”（ ）

A. 充满了意识形态色彩

B. 实质是争夺国家利益

C. 具有不均衡性的特征

D. 以救世主的面目出现

2. 下表是新时期中国学者关于冷战爆发的主要观点。据此表可得出的历史结论是（ ）

学者	关于冷战爆发的观点
时殷弘	美苏冷战孕育于十月革命至第二次世界大战的美苏关系之中
余伟民	冷战是多国参与的国际性政治斗争
徐蓝	冷战是美苏两国双向互动的结果

A. 美苏冷战开始于十月革命

B. 冷战是多种因素作用的结果

C. 美苏对峙是冷战的主要表现

D. 冷战推动世界格局的多极化

3. （2012年江苏省高考）史家有时会修正自己对历史的认识，萧公权的康有为研究即为一例。阅读下列材料：

材料一　二十多年前草写《中国政治思想史》的时候，我所看见康氏的著作不过是现在所看见中的一小半。他的思想，我既不能有全面的认识，也不曾作深入的剖析。因此我的论断不免有舛误的地方。例如我说："康氏以立宪为保皇之手段，故其所号召者为假民权。托孔子以为变法之口实，故其所号召者为假维新。"多看他的著作，细研他的思想之后，我发现这个论断几乎与真相恰相反背。现在我认为这两句话可以改为"康氏以保皇为立宪之手段，其所号召者为渐进之真民主。谓孔子为改制之圣人，其所企求者实为制度与思想之一体维新。"我现在的看法……可以说是遵行"过则勿惮改"的古训。

——摘编自萧公权《问学谏往录》

材料二　萧公权于1940年写作《中国政治思想史》时，亦不免认为康有为反对革命。……直到后来看到大批有关康氏的原始材料，才摆脱……（某种）史观的阴影，对康氏有新的认识，所谓"假民权""假维新"，原来都是真的。

——摘编自汪荣祖《康有为论》

材料三　从历史的观点来看，这件事也许有某种意义：我们只能在我们时代的条件下进行认识，而且这些条件达到什么程度，我们便认识到什么程度。

——摘编自恩格斯《自然辩证法》

请回答：运用上述材料，结合所学知识，以萧公权的康有为研究为例，以“时代、史家与历史认识的修正”为主题进行论证（要求：观点明确，史论结合，逻辑严密，表述清楚，250字左右）。

4.（2013年上海市高考）社会文化，时有更新；史家智识，遂以变迁。试以司马迁、司马光、梁启超为例，叙述中国史家治史理念的变化趋势及其社会原因。

5.（2018年北京市高考）史学：历史与现实的对话

材料一　《春秋》是我国现存最早的编年体史书，记载了鲁国及各诸侯国两百余年的历史，内容以诸侯、大夫的政治、军事活动为主。

《史记》成书于西汉，是我国第一部纪传体通史，包括十二本纪、十表、八书、三十世家、七十列传，记载了上古至汉武帝时期的历史。

《史记》体例	篇目举例
本纪（帝王活动及重大事件）	高祖（刘邦）本纪
表（大事年表、世系表等）	建元以来王子侯者（汉武帝时封侯的诸侯王子弟）年表
书（重要制度变迁）	河渠（水利工程）书、平准（工商业）书
世家（诸侯等有重大影响人物的事迹）	楚元王（汉高祖之弟，封地为楚国）世家、陈丞相世家
列传（各阶层重要人物、周边政权的历史）	吴王濞列传、儒林（重要儒家学者）列传、司马相如列传、货殖（商人）列传、匈奴列传、大宛（在今中亚地区）列传

（1）比较《史记》与《春秋》的不同之处。从“篇目举例”中任选两则，分别简述其反映的西汉社会状况。

材料二　在欧洲19世纪被誉为“历史学的世纪”，历史研究发生了很大变化。

越来越多的学者认为，自然界的规律适用于人类社会，自然科学的研究方法适用于历史研究。历史研究应该以回忆录、日记、外交报告等原始文献为材料，通过科学的解释方法，寻求人类社会进步的规律。

法国大革命和拿破仑战争引起欧洲史学界的普遍关注，成为史学研究的重点之一。很多史学家批判拿破仑对各国的侵略，认为历史是体现民族持性的标志。各国相继整理出版自己民族的大型史料集，编纂各自的国家通史。普鲁士的《民族历史评论》发刊词说，历史“比任何学科都有助于全体德国人民的统一”。

历史研究的主要对象仍然是社会上层，但包括工人在内的社会下层的历史也逐渐受到关注。1850年，斯坦因的《1789年至今的法国工人运动史》和恩格斯的《德国农民战争》问世，恩格斯指出：“一切重要历史事件的终极原因和伟大动力是社会的经济发展，是生产方式和交换方式的改变，是由此产生的社会之划分为不同的阶级，是这些阶级彼此之间的斗争。”

（2）阅读材料二，概括19世纪欧洲历史学发展的特点。结合时代背景，对这些特点进行分析。

材料三　“历史有什么用呢？”面对孩子的疑问，法国史学家马克·布洛克撰写了一部史学专著来回答这一问题。

（3）结合中国近现代史的内容，谈谈历史对你有什么用（要求：从“能力或方法”“价值观”两个方面进行阐述，要求观点正确、史论结合、论证充分、逻辑清晰）。

6. 阅读材料，完成下列要求。

材料一　下图是出土文物《商鞅方升》

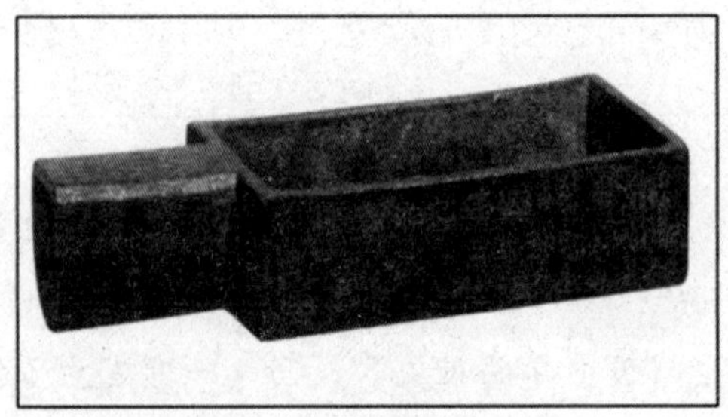

战国中期青铜量器，现藏于上海博物馆。左壁刻有铭文：“十八年……冬十二月乙酉，大良造鞅，爰积十六尊（寸）五分尊（寸）壹为升。”

材料二

不农之征必多，市利之租必重。

国之所以兴者，农战也。

国待农战而安，主待农战而尊。

治国能抟民力而壹民务者，强；能事本而禁末者，富。

——摘编自《商君书》

材料三

用商鞅之法……一岁力役，三十倍于古……田租、口赋、盐铁之利，二十倍于古……见税什五，故贫民常衣牛马之衣，而食犬彘之食，重以贪暴之吏，刑戮妄加。

——摘编自班固《汉书·食货志》

（1）比较三则材料，说明其在研究“商鞅经济改革”中各自的史料价值。

（2）根据上述材料并结合所学知识，简评商鞅的经济改革。

7. 阅读材料，完成下列要求。

材料　据监生舒镛、举人何瓒龙、监生吴洪、监生许俊、余种德堂、程桂林堂、王大经堂、胡族义堂（下尚有程、汪等四十余家族堂名，兹从略）禀称：黟（今安徽黟县）属僻壤，山高而水迅……生于斯者借为保障，葬其中者冢墓如鳞，阴阳二墓两相利赖，以故建文峰，造亭阁，非徒以壮观瞻，实为万民培命脉。近有李大坤等只知拿利肥己，罔顾亿万生灵，招纳外民汪宾等入山凿石烧煤，值前宪公（前任县令）出迫禀捕主，虽蒙训谕，坤等知悔，而宾等尚复逡巡境内，勾诱附近有山之家重贤租赁，冀图冷灰复燃……黟县境内田少山多，贫民惟借樵采，每日负薪易米，以资口食。即妇女挑柴为生者，亦复不少，若烧石灰，尽用煤石，则卖柴者少，贫民生计更绌。

——摘编自《黟县志》卷11《附嘉庆十年知县苏禁水口烧煤示》

指出材料中乡族势力、官府对“入山凿石烧煤”的态度，结合所学知识，对这种态度作出合理的解释。

第五章　家国情怀

家国情怀是学习和探究历史应具有的人文追求，体现了对国家富强、人民幸福的情感，以及对国家的高度认同感、归属感、责任感和使命感。

学习和探究历史应具有价值关怀，要充满人文情怀并关注现实问题，以服务于国家强盛、民族自强和人类社会的进步为使命。

家国情怀是学习历史和认识历史在思想、观念、情感、态度等方面的重要体现，是实现历史教育功能的重要标志。

涵养家国情怀是历史学习的重要任务之一。公众史学要求研究者要以悲天悯人的忧患意识、积极主动的参与意识和科学严谨的专业精神服务社会，要“为国家民族提供认同的基础、解决国家民族发展过程中的历史认知问题；为普通人提供历史知识引导民众‘历史地’认识过去、理解现在、思考未来”。

【课标要求】

要求学生在树立正确历史观的基础上，从历史的角度认识中国的国情，形成对祖国的认同感和正确的国家观；能够认识中华民族多元一体的历史发展趋势，形成对中华民族的认同感和正确的民族观，具有民族自信心和自豪感；了解并认同中华优秀传统文化、革命文化、社会主义先进文化，了解中国各个历史时期的英雄人物，传承民族气节，崇尚英雄气概，认识中华文明的历史价值和现实意义；了解世界历史发展的多样性，理解和尊重世界各国、各民族的文化传统，具有广阔的国际视野，树立正确的文化观；认同社会主义核心价值观，认同走中国特色社会主义道路是历史的必然，树立中国特色社会主义道路自信、理论自信、制度自信和文化自信；能够确立积极进取的人生态度，塑造健全的人格，树立正确的世界观、人生观和价值观。

【目标解读】

（1）家国情怀是学科核心价值观，从历史的角度认识中国的国情，形成对祖国的认同感，能够认识中华民族多元一体的历史发展趋势，形成对中华民族的民族自信心和自豪感。

（2）家国情怀要有深厚的人文素养。了解并认同中华优秀传统文化，认识中华文明的历史价值和现实意义；认同社会主义核心价值观，树立道路自信、理论自信、制度自信和文化自信。

（3）家国情怀要胸怀天下，放眼世界。了解世界历史发展的多样性，理解和尊重世界各国、各民族的文化传统，形成广阔的国际视野；能够确立积极进取的人生态度，塑造健全的人格，树立正确的世界观、人生观和价值观。

一、司马迁撰《史记》的目的和意义

【原典阅读】

仆窃不逊，近自托于无能之辞，网罗天下放失旧闻，略考其行事，综其终始，稽其成败兴坏之纪，上计轩辕，下至于兹，为十表，本纪十二，书八章，世家三十，列传七十，凡百三十篇。亦欲以究天人之际，通古今之变，成一家之言。

——司马迁：《报任安书》

【译文】

我私下里也自不量力，用我那不高明的文辞，收集天下散失的历史传闻，粗略地考订其真实性，综述其事实的本末，推究其成败盛衰的道理，上自黄帝，下至于当今，写成十篇表，十二篇本纪，八篇书，三十篇世家，七十篇列传，一共一百三十篇，也是想研究自然现象和人类社会之间的关系，贯通古往今来变化的脉络，成为一家的言论。

【内容简析】

西汉著名史学家司马迁《报任安书》见识深远，辞气沉雄，情怀慷慨，言论剀切，是激切感人的至情之作。其中叙事、议论、抒情，志气盘桓，交融一体。文章以过人的丰富、强烈、奔放的思想感情，形成卓绝千古的浩荡雄伟的气势。其中所表现的司马迁崇高的人生信念和为《史记》献身的精神，具有深刻的启示意义和教育价值。

他强调“究天人之际，通古今之变，成一家之言”，主张通过史实现象揭示本质，探究自然现象和人类社会之间的相互作用关系，通晓从古到今的历朝历代的发展演变，进而寻找历代王朝兴衰成败之道理，通过史实记述，有所取舍、有所褒贬，形成自己独特的自成一家的史学理论学说。他总括讲明了自己修《史记》的目的和意义，也阐明了他深切的家国情怀。

【扩展阅读】

《史记》是西汉史学家司马迁撰写的纪传体史书，是中国历史上第一部纪传体通史，记载了上至上古传说的黄帝时代，下至汉武帝太初四年间，共3000多年的历史。

《史记》被列为“二十四史”之首，与后来的《汉书》《后汉书》《三国志》合称“前四史”，对后世史学和文学的发展都产生了深远影响。其首创的纪传体编史方法为后来历代“正史”所传承。《史记》还被认为是一部优秀的文学著作，被鲁迅誉为“史家之绝唱，无韵之《离骚》”，有很高的文学价值。

司马迁早年受学于孔安国、董仲舒，漫游各地，了解风俗，采集传闻。初任郎中，奉使西南，元封三年任太史令，继承父业，著述历史。他以其“究天人之际，通古今之变，成一家之言”的史识创作了中国第一部纪传体通史《史记》。

二、国家认同和民族认同

1. 民族融合促进了民族团结

【原典阅读】

魏晋南北朝时期的民族融合过程中，应该说汉化是总体的趋势，但是文化的融合并非只是单向的，而是双向甚至是多向的……实际上正是由于文化融合的多元格局，特别是得益于突破国家、民族、地域限制的“丝绸之路”的畅通，最终促进了南北统一后隋唐文化新的整合，造就了空前的辉煌盛世。

——阴法鲁、许树安：《中国古代文化史》

【内容简析】

民族交融是指各民族在尊重差异的基础上，在交往、交流中相互学习、相互接近、相互认同的过程。在融合的过程中，人口流动再增加，心理上的亲近感不断增强，共同命运和共同利益的联系逐渐紧密，共同心理认同逐渐形成。

民族交融对中华民族的发展、中国疆域的拓展和中华文化的繁荣起着重要作用。

2. 国家认同和民族认同的表现

【原典阅读】

国家认同是指对于国家的四个方面的认同。其一，对国家的历史的认同。其二，对国家疆域的认同。其三，对国家文化的认同。其四，对国家核心价值体系的认同。

——王瑞萍：《高校国家认同教育研究》

对民族认同表现在四个方面。其一，对民族族源的认同。所谓族源是指这个民族的起源，包括民族起源的地理环境、居住环境和生活环境。其二，对民族族体的认同。所谓族体是指这个民族形成后作为一个民族的整体存在和发展情况，包括这个民族发展的程度、发展的水平和发展的规模。其三，对族际的认同。所谓族际就是这个民族与别的民族相处的关系中的位置。一个民族的族际代表了一个民族的地位和影响。其四，族神。所谓族神就是这个民族的宗教信仰。

——王瑞萍：《高校国家认同教育研究》

【内容简析】

家国情怀，就是引导学生在历史学习的过程中，培养对国家的高度认同感、归属感、责任感和使命感。

让学生深刻认识，中华民族是一个命运共同体，各族人民只有将自己的命运与中华民族的命运紧密联系在一起才有希望。在长期的历史发展进程中，“中华民族从一个自在的民族，变成了一个自觉、自强、自新的民族，变成了一个团结、统一、强大的民族，拥有了全新的意义，成为中国各民族的普遍认同和共同归属”（《中央民族工作会议精神学习辅导读本》）。

“中国作为一个统一多民族国家，是历史的产物，是一个无可争辩的事实。”（瞿林东主编《历史文化认同与中国统一多民族国家》）

三、使命担当意识

【原典阅读】

予尝求古仁人之心，或异二者之为，何哉？不以物喜，不以己悲；居庙堂之高则忧其民；处江湖之远则忧其君。是进亦忧，退亦忧。然则何时而乐耶？其必曰“先天下之忧而忧，后天下之乐而乐”乎。噫！微斯人，吾谁与归？

——范仲淹：《岳阳楼记》

【译文】

我曾探求过古时仁人的心境，或者和这些人的行为两样的，为什么呢？（是由于）不因外物好坏，自己得失而或喜或悲。在朝廷上做官时，就为百姓担忧；在江湖上不做官时，他进也忧虑，也忧愁。既然这样，那么他们什么时候才会感到快乐呢？古仁人必定说：“先于天下人的忧去忧，晚于天下人的乐去乐。”呀。唉！不是这种人，我与谁一道归去呢？

【原典阅读】

有亡国，有亡天下。亡国与亡天下奚辨？曰：“易姓改号，谓之亡国；仁义充塞，而至于率兽食人，人将相食，谓之亡天下。是故知保天下，然后知保其国。保国者，其君其臣肉食者谋之；保天下者，匹夫之贱与有责焉耳矣。”

——顾炎武：《日知录》

【译文】

天下兴亡，匹夫有责。“亡国”与“亡天下”是两个不同的概念。“亡国”是指改朝换代，换个王帝、国号。而仁义道德得不到发扬光大，统治者虐害人民，人民之间也纷争不断，是天下将灭亡。保国这类事只需由王帝及大臣和掌握权力的人去谋划；但是“天下”的兴亡，则是低微的百姓也有责任。

四、文化自信

【原典阅读】

从形态论的视角出发，国家语言是构建文化自信的基础教育形态，历史文化是构建文化自信的历史形态，革命传统是构建文化自信的政治形态，时代精神是构建文化自信的社会形态。

——许倬云：《中西文明的对照》

文化自信是一个国家、一个民族发展中更基本、更深沉、更持久的力量。经过漫长积累、比选，去芜存菁，目前留存的中华优秀传统文化具有极强的稳定性。这些中华民族共同认可的民族精神、价值理念、思想智慧和道德规范，从古至今皆为人们所认识、接受和传承。这种稳定性的力量无可比拟，是中华民族生生不息的源泉。

从世界范围来看，中华文化是最优秀的文化之一。中华五千年灿烂文明，不论人生观、价值观、宇宙观、哲学观，还是道德观、伦理观，都极富智慧，符合全人类的共同价值。

中国人提出的这些思想理念，与世界上任何一个国家的文化相比，都具有先进性。在世界文化维度下，对中华文化进行再认识，可以加强文化自省，提升文化自觉，增强文化自信。

——《文化是中华民族赖以生存的根基》（《人民日报（海外版）》2018年3月）

【内容简析】

中华优秀传统文化是中华民族生生不息的源泉，它蕴含着中华民族所共同认可的民族精神、价值理念、思想智慧和道德规范，具有强大的稳定性和先进性。

在学习的过程中，要让学生明白，无论是中华民族上下五千年历史长河中的文明成果，还是近代以来争取独立、自由、民主、富强的革命运动，抑或新中国成立以来为了民族伟大复兴而积淀的民族精神，都是我们涵育家国情怀的基本素材。

五、民族魂、生死观

【原典阅读】

梁启超称谭嗣同为“中国为国流血第一士”，康有为赞扬谭嗣同“挟高士之才，负万夫之勇，学奥博而文雄奇，思深远而仁质厚，以天下为己任，以救国为事，气猛志锐”。从谭嗣同本人的角度来说，他就是要迎着死亡，用自己的死，来警醒国人，继续改变中国。他是笑着走向刑场的。他不是傻，而是非常理智的。什么叫作舍生取义？什么叫作大义凌然？在生死面前，当国家、民族的命运与个人的命运之间需要抉择的时刻，他的这一选择是一种英雄的选择，是一种英雄的气概，是凡人根本做不到的。进一步说，这种精神、这种情怀，恰恰是中国历史上的仁人志士所共有的。

从荆轲的“壮士一去兮不复还”，到文天祥的“留取丹心照汗青”，到近代林则徐的“苟利国家生死以，岂因祸福避趋之”，到鲁迅的“我以我血荐轩辕”，一直到共产党员夏明翰的“砍头不要紧，只要主义真”，他们的生死观，他们对国家和民族命运的认识，不同的时代、不同的阶级、不同的身份，竟是高度的一致！

——叶小兵：《基于核心素养培养的高中历史教学》

【内容简析】

培养学生的家国情怀，就是解决怎样育人的问题。在历史学习的过程中，不仅要关注历史知识，而且要学会思考：我们应该用什么样的历史观看待人和事？应该怎样评判历史人物？通过历史人物的言行，我们可以获得那些启迪？

通过学习历史，要让学生看到中华民族骨髓里的东西，要看到中华民族的脊梁所在，不断提高学生的认知能力，不断涵养学生的气质和品格。

六、在游学中增长见识

【原典阅读】

司马迁这一次长途跋涉，游历了祖国的广阔山河，接触了各地人民，考察了历史遗迹，了解了许多历史人物的遗闻逸事以及许多地方的民情风俗和经济生活，开阔了眼界，扩大了胸襟，这对于他后来写作《史记》无疑是有很大的帮助的。尤其重要的是他在彭城、沛、丰一带的访问，对于他叙述秦楚、楚汉战争的形势和以刘季为首的汉朝初期统治集团的面貌，必然会发生很大的影响。司马迁这样一次有目的、有意义的漫游，需要一二年或者更多的时间。

——白寿彝：《中国通史》

【内容简析】

在游历中学习，就是在实践体验中学习，这是一种古老的历史学习方式。陆游讲“纸上得来终觉浅，绝知此事要躬行”，就是强调实践体验的重要性。历史上的许多历史学家、大学问家都很重视游历考察，如司马迁、黄宗羲、顾炎武等。这样的学习方式具有很强的体验性、开放性、探索性和综合性。

学生通过游历研学，在实践中实现自我构建、自我教育、自主发展，增强社会参与意识和责任意识，在更广阔的领域认识历史、理解生命、把握规律，感受山河壮美，涵养家国情怀。

七、在劳动中促发展

【原典阅读】

“耕读传家”“耕读结合”这一现象存在于几乎整个中国古代社会，它的形成与古代农耕文明的经济政治文化特征密不可分。春秋时期墨家成员既从事教学也从事劳动生产，他们崇拜的是大禹“沐疾风，置万国”“形劳天下”的刻苦精神；宋代陆九渊在象山精舍，率领弟子开山造田，聚粮筑室，相与讲习。明代著名理学家吴与弼长期居乡，躬耕食力，弟子从者甚众，其学生一日未早起，他便大声斥责说“秀才，若为懒惰，即他日何从到伊川（程颐）门下？又何从到孟子门下？”耕读结合的价值取向彰显了劳作教育的重要地位，对后世影响深远。

——胡青：《耕读——中国古代的教育与生产劳动相结合》

【内容解析】

在中国古代乡村，使用频率最高的门联是“耕读传家远，诗书继世长”。耕读教育是身心一体的全生命教育，耕读教育让生命更崇高，让生活更幸福。耕读不仅是中国古人崇尚与向往的物质与精神自足、田园与书香共存、诗意与禅意共生的理想生活，而且是中国古代文化与艺术创作之源。耕创造物质，读滋养精神，正是这种物质与精神的自足，让生命自主、自在、自觉地提升成为可能。

【拓展阅读】

历史的意蕴与教学的意境（节选）

李惠军

“历史、现实、未来是相通的。”历史是现实与未来的背影，其价值却永远面对现实与未来。历史教育的力量在于昭示来者，要从历史中涵养我们的历史思维。“历史思维，是一种长时段思维，要求我们思接千载、视通万里，以贯通古今的智慧。”涵养学生的“历史思维”是教育的责任、现实的担当和未来的期许。“五大学科素养”作为课程目标，意在学生通过学习历史应该具备的必备品格和关键能力。历史学科富含滋养学生特有“素养”所必需的“营养”，提炼历史学科“营养”滋育学生“素养”，需要老师的专业“修养”、厚重的“学养”（学术功力）和精湛的“教养”（教育智慧）。在我看来，好的历史课既要讲理性和智性，也要讲人性和诗性，要有“志于道，居于仁，游于艺”的境界。

一、于灵魂的统摄下掇菁撷华

丹青难写是精神！历史教育是与人文精神相联系的人性滋养。好的历史课要有灵魂，它是一节课的“神来之笔”，是撬动历史认知、历史思维、历史情意的支点。历史课的灵魂源于对过往事务的内心体验，是在高屋建瓴地眺望、掘井及泉地沉思、筚路蓝缕地叩问中萌生的精神顿悟。从历史学科而言，它是史实、史识、史感的交集点；从课堂流程而言，它是历史课各个环节的黏合点；从目标达成而言，它是知识、方法、情意的着力点。历史课的灵魂是五大学科素养浑然一体、有机融合的纽带，是预设目标循序渐进、分进合击的令旗，是达成目标有的放矢、形散神聚的标靶。只有在灵魂的统摄下，将多种历史素材和资源转化为诠释灵魂的素材，历史演绎、教学流程、学习体验才能在一个主轴下得以顺畅流淌。

多年前，为了讲《美国独立战争》的公开课，我重新阅读了J.布鲁姆的《美国的历程》、凯瑟琳·德林克·鲍恩的《民主的奇迹：美国宪法制定127天》和托克维尔《论美国的民主》等著述。在与历史的对话中，脑海中一直在追问着这样一些问题：早期移民何以离开故土和家人？“五月花号”上的避难者何以冒着死亡风险前往那遥远而陌生的大洋彼岸？犹太诗人在自由女神雕塑下的14行诗到底表达着怎样的内心苦难与憧憬？《独立宣言》《邦联条例》和《联邦宪法》的字里行间到底蕴含着怎样的美国理想与诉求？在历史的追问与思考中，我似乎揣摩到了《美国独立战争》这一课的灵魂——自由理想驱使下的独立与建国历程。

历史的智慧往往在通感、通识中萌发，在联系、联动中生成。要善于将具体的历史课题放置于总体历史坐标中加以考量，从中发现历史课的灵魂。年鉴学派代表人物布罗代尔的时段理论：地理时间（“长时段”对应“结构”）、社会时间（“中时段”对应“局势”）、个体时间（“短时段”对应“事件”），拓展了历史认识的视野。其力作《菲利普二世时期的地中海和地中海地区》和《十五至十八世纪的物质文明、经济和资本主义》，便是时段理论和“总体史学”的典范。在长时段、大空间中察变观风、磨勘贯通，才能领悟历史的真谛，才能揭示历史的前世今缘和递进逻辑。唯其如此，历史课才能体现出它的雄浑、宽广和大气，具体历史问题才有了宏阔和厚实的支撑，正所谓：“物有本末，事有始终，知所先后，则近道矣。”

淬炼和捕捉历史课的灵魂，不仅要善于在历史的高处眺望，而且要善于在历史的深处与细处凝思和雕琢。鲁迅在《华盖集·忽然想到（四）》中有段耐人寻味的议论：“历史上都写着中国的灵魂，指示着将来的命运，只因为涂饰太厚，废话太多，所以很不容易察出底细来。正如通过密叶投射在莓苔上面的月光，只看见点点的碎影。”如果不加思考地在历史的记录中人云亦云，非但使历史严重失真，而且难以发掘历史深处的玄机和真谛。历史的深度思考是历史能见度渐渐清晰，历史课灵魂徐徐走来的重要途径。

历史是人类活动的记录，人类的活动充满了鲜活的故事，历史的大道蕴藏于历史故事的细节中。对历史课灵魂的追问，离不开对历史故事细节的雕琢。所以，要善于从历史的细处钩沉探幽，追求拨云见日的境界。几年前，拜读了李公明先生所著《历史的灵魂》和杜君立所著《历史的细节》，让我认识到捕捉历史课的灵魂，不仅需要高屋建瓴、纵横捭阖的大气，而且需要洞隐烛微、见微知著的精气。正如许纪霖先生所说：“历史的灵魂是故事，没有故事的历史，就像一个没有躯体的灵魂，是孤魂野鬼。做历史老师，最重要的是学会怎样讲故事，把被教科书阉割掉的故事重新发掘出来，活生生地讲给学生听。让学生在鲜活的人物形象、紧张的戏剧冲突里真正体会到历史的魅力。”对历史课灵魂的追问，应该是一位历史教师的思维品质和生命跃动，在追寻人类过去时光中感受思接千载、探幽搜奇的内心喜悦，体悟历史教育的功能价值。

历史课的灵魂关乎历史教育的生命力。只有置身于历史的高处、深处和细处体察、咀嚼和感受，从而产生附着于内心深处带有理性、情趣和灵动的智性敏锐，最终发掘足以统摄这段历史的精神主轴和内容主旨，才能创意出富有历史斑驳感、诗性感和哲思感的课堂教学，将看似散落的历史碎片转化为诠释这个灵魂的鲜活素材。

历史教育绝非一般意义上的传道、解惑和授业，它更是一种现实与往昔的精神对话。历史教育必须保持科学理性与人文情怀二者的张力。好的历史老师应该胸怀“为天地立心，为生民立命，为往圣继绝学，为万世开太平”的视野和心界。只有心存对历史的崇敬和敬畏，才可能在恢宏的历史画卷中久久凝视，在往昔的涓涓细流中冥冥凝思，在倾听历史的回声中感悟文明的真谛。

对于历史课灵魂的追问，也是游走于科学和艺术之间的特殊思维活动。因此，需要在逻辑性思维与意向性创想的交互中，催生出掘井及泉的思想追问和摄人魂魄的内心冲动。“史料实证”是历史研究的基础和历史教育的特性，也是培养学生证据意识的切口。守护历史真实之神灵是一件很难的事情。然而，对于历史的评判有时甚至比求真还要困难，执着的求真背后总不免带有些许悲切和对沧桑世事的纠结与无奈。在教学设计中，固然需要严谨的逻辑、细密的推敲，更需要怀着对于历史的崇尚与敬畏之情，充分地加以意想。这种思维不仅使历史过程中的碎片因为认识者的再体验而被联系成连续性的整体，而且也是我们洞观和体察历史课灵魂的思想经历。

二、在理性的引领下思辨励志

历史教师要恪守理性精神和历史良知的操守，尤其是在浮华躁动的环境下，教师应该具有清风劲节和矜持冷峻，在心灵深处葆有一方净土。历史教育对于学生而言，既是知史求真、萍踪求通的知识习得过程，又是格物达理、体悟得法的思维内化过程，也是树魂立根、怡情励志的精神洗礼过程。历史总是从历史推向现在，然而，人们在思考问题的时候又总是从现在追溯历史。现实是由历史齿轮铸造的，却往往倒过来用现实铸造历史。这种情形给历史教育带来了许多困惑和纠结。这就要求历史老师恪守历史良心，让理性成为衡量一切的唯一尺度。没有永恒的真理，只有永恒的思考。

唯物史观，既是科学的历史观，又是科学的方法论。从唯物史观的发展历程看，马克思、恩格斯是在不断修正或完善及在接受历史检验中渐趋成熟的。

例如，恩格斯1895年在《法兰西阶级斗争》的导言中强调“历史表明我们也曾经错了，我们当时所持的观点只是一个幻想。历史……不仅消除了我们当时的迷雾，并且还完全改变了无产阶级进行斗争的条件”，指出“历史清楚地表明，当时欧洲经济发展状况还远远没有成熟到可以消除资本主义生产方式的程度”。《共产党宣言》发表的47年后，在经历并研究了欧洲历史变化的前提下，对自己过去的重要观点进行反思，勇敢地作了自我否定。马克思、恩格斯多次强调唯物史观活的灵魂是具体问题具体分析，力戒将其当作语录和教条。恩格斯说：“历史过程中的决定性因素归根到底是现实生活的生产和再生产。无论马克思或我都从来没有肯定过比这更多的东西。如果有人在这里加以曲解，说经济因素是唯一决定的因素，那么他就是把这个命题变成毫无内容的、抽象的、荒诞无稽的空话。”可见，大彻大悟的历史唯物主义者不在于他具有历史先见之明，而在于他能实事求是和与时俱进地超越自我。尽管，在现实的历史教学中，历史教师有时会陷于纠结和无奈，但是我们要善于运用唯物史观的理性品质和审辨思维，在迷茫中拥有理论的定力和思想的遵循。

好的历史课要能够点燃学生的心灯，拨动学生的情感，启迪学生的志向。老师要精心选择那些具有情韵感的历史素材，让静态平铺的教材变得动态鲜活，让课堂不仅具有思想的深度和理性的厚度，而且具有人性的温度和情感的热度。

在历史教育中对学生进行家国情怀教育的素材比比皆是：满天星斗和八方雄起的史前文明遗址，中华民族生生不息上下五千年的历史传承，和而不同、周而不比的礼乐文化；博大精深、格物致知的宋明理学，苏武“杖汉节牧羊”“有杀身已成仁，无求生以害仁”的忠贞气节，谭嗣同“我自横刀向天笑，去留肝胆两昆仑”的冲天豪情……都可以成为激发学生对国家产生认同感、归属感、责任感和使命感的教育素材。

对祖国的忠诚首先植根于对故土的精神皈依与情感眷恋。要培育学生纯真和质朴的家国情怀，离不开对家庭、家园的追忆，从“我往矣，杨柳依依；今我来思，雨雪霏霏”（《诗经・小雅・采薇》）到“悲歌可以当泣，远望可以当归”（汉乐府《悲歌》）的惆怅；从“君自故乡来，应知故乡事。来日绮窗前，寒梅着花未”（王维《杂诗三首》）到余光中的《乡愁》“魂牵梦绕、魂牵梦萦都没错、思绪万千的哀婉”，无不道尽了埋藏于中国人内心深处，可触动灵魂的情感——故土情结。

《国史大纲》最大的精神价值在于对民族文化的那种虔诚的皈依性认知和沉潜其中的感情与自信。如果说梁启超先生有“中国会不会亡”的忧患，那么钱穆先生则在《国史大纲》中做出了回答：中国不会亡！这种深厚纯挚的温情与敬意源于先生对中华民族历史的深刻了解，对几千年中华文明的深沉热爱，对民族之过去、现在、未来的洞察、思考和信心。这种情怀也是激励我们历史教育工作者永不懈怠、克服阻碍、发奋自强的动力。

被誉为“世界第八大奇迹”的秦兵马俑，在初中和高中教科书中均有涉及。教师要引导学生联想“横扫六合”的恢宏气象，管窥“威震四海”的大秦气场，领略“定于一尊”的皇权气势。激励学生从考古发现中捕捉当时政治、经济、军事、文化、习俗等历史特征和风貌。除了以“视觉冲击”感受先人高超的艺术天资与卓绝的工艺技术之外，还可从实物史料中发掘、鉴赏、感知、联想，引导学生从视觉、思维层面过渡到情感、精神层面，潜移默化地滋养对民族传统和古代文化的崇敬和自豪，感受传统文化的魅力。

培养学生的家国情怀还应该着眼于历史发展的大势和文明递进的大潮，从“人类命运共同体”的高度，培养学生开阔的世界视野和深厚的人文精神。要谨防把爱国主义异变为偏执的“国家主义”或狭隘的“民族主义”；谨防片面误读、盲目排异，乃至打着“国家意志”招摇过市的政治操弄。爱国主义不是极端的民族主义或自私的国家主义，开放和理性的爱国主义是全球各国的共同价值观。

从人类文明进步的轨迹中可以清楚地看到，只有文化自信与文化包容相伴而生，家国情怀与人类胸怀相得益彰，社会才会进步，世界才能和平。虚心学习和借鉴人类优秀文明成果，与数典忘祖接受别人“颐指气使的说教”不能同日而语。在许多情况下，让人们陷入困境的不是无知，而是看似正确的谬断和封闭通往真知的大门。

例如，15世纪到19世纪中叶，在欧洲人开始走出中世纪，从封闭走向开放，从传统走向现代的历史转型期间，我们却在两千多年超稳定的传统社会结构和看似太平盛世的帝国余晖中，沉迷于天朝上国的醉梦和闭目塞听的自恋。

当马嘎尔尼接过乾隆帝给英王“天朝物产丰盈，无所不有，原不藉外夷货物，以通有无”的敕谕扫兴而归的时候，谁也没有想到这将给“天朝上国”带来怎样的后果。历史的教训一再提醒我们，在一个紧密联系的世界中，狭隘的“家国天下”和偏执的“华夷之辨”，带来的往往是致命的自负和盲目的自恋，终将从陶醉于傲慢走向失落与阵痛。历史决不能在此处失忆，更不能为一时的进步而被遮蔽和和被板结。

又如第一次世界大战中，在“把基督的十字架安放在君士坦丁堡圣索菲亚大教堂尖顶”的煽动下，失去理智的俄国青年成了沙皇发动战争的炮灰；德国和英国两个交战国青年也正是在这种极端民族主义和盲目爱国主义的欺骗宣传下，满腔热血地成了战争机器。历史昭示着人们，要切忌将民族自觉异化为偏执的种族主义和愚忠的国家主义；切忌将文化自信异化为狭隘的唯我独尊和盲目的文化排异。只有将人类的共同命运与民族的特殊命运紧密联系起来，家国情怀才具有现代意义和未来价值。

三、在问题的驱动下释史求通

“涵养我们的历史思维”是一段时间以来，从国家层面到学术层面的一个重要说法。“历史思维”强调在唯物史观指导下，借助科学的实证方法和真实可信的史料证据，从人类历史大时空出发，探明历史的因果逻辑，解读历史的发展趋势，阐释历史的演变规律，从而在今天面临的“百年未有之大变局”中保持战略定力。从一定程度上说，培养学生“历史解释”的学科素养，就是“涵养我们的历史思维”。从历史哲学层面而言，“历史解释”的客体是过往的历史现象。“历史解释”的主体则是作为对过往现象加以观察思考和理解评判的“人”。而教育层面所追求的“历史解释”学科素养，其着眼点和着力点都指向学生，学生是参与“历史解释”的思想和行为主体。要激活学生的学习冲动和思考欲望，必须在问题驱动下激发他们去研读材料、独立思考、交流分享。在分析和解决问题的过程中体悟思想方法，提升“历史解释”和“历史思维”的学科素养。

陶行知先生说：“发展千千万，起点是一问。”课堂问题的设置一定要科学适当，必须能给学生一种兴趣的刺激，因为每一个问题都是提供给学生的一次学习思考和提高的机会。

四、在主旨的统领下纵横捭阖

教师呈现历史的魅力直接关系历史教学的张力。呈现力是教师思想、创意、设计力的集成。无论教学理念、技术、手段如何发展，教师在课堂上呈现历史的基本功永远都不可取代。对往昔旧事的描述和透过历史烟云的感悟，首先要借助老师传神达意、隽永哲思、饱含意蕴的语言表达出来，它关乎课堂教学中学生对历史的“体验度”和“获得感”。我主张好的历史课是老师讲授出来的，激活学生的思维活动和自主学习，在很大程度上都取决于老师用睿智的理性之光去照亮历史的殿堂，用醍醐灌顶和妙喻珠联的语言呈现历史的意蕴，在见微知著、沉潜多思的表达中鉴史致知。

历史老师要关注课堂语言的构思和对历史现象与概念的表达方式，尤其是历史关键点和关键环节，应该千锤百炼、斟字酌句。它既体现老师的历史功底，又承载老师的教学诉求；既是老师内在思想的外在表象，又是老师课堂呈现的基本形态。要善于用精微通脱、精深概括的语言文字呈现历史的鲜活镜像和丰富意蕴。例如，我是这样讲汉武帝登基之时的情势的。

> 公元前140年，当汉景帝撒手人寰时，汉朝已经到了一个必须对未来走向作出抉择的十字路口。这一年，汉景帝第十个儿子，年仅17岁的刘彻走上了帝国政治舞台中心。这位年少的君主又是如何顺势而为、逆势而上、革除弊端、铲除隐患，最终完成大一统帝国的重建工程，创造一个属于他的帝国时代呢？

寥寥数语勾勒出大一统帝国从秦朝至汉初百年兴衰的历史蜕变，以及汉初在“无为”治国理念下重构大一统帝国的功效与隐患；言外之意，透露出汉初“无为”与汉武帝“有为”之间的历史逻辑，疏通了不同历史阶段的沟壑。笔锋一转将历史聚焦到了一场看似波澜不惊的事件。

> 刘彻即位不久，一则消息从宫中不胫而走，很快从京师传至全国。听说小皇上要招纳天下博学之士共赴长安，畅言治国经纶之道，共谋帝国顶层设计。一时之间，天下贤良方正、极谏之士纷纷献计

献策。然而，在形形色色的贤人中，在林林总总的宏论中，一位名叫董仲舒的大儒所提出的“天人三策”独独让皇帝眼前一亮、龙颜大悦！

如此在呈现方式上的大开大合，源于我的一种原初的朴素想法，借助教师的讲述，为学生形象地展现2000多年前历史的浩浩场景和情节的涓涓细流，让历史的情境重现，历史的韵味重塑。

当然，历史课绝非教师洋洋洒洒、漫无边际的散谈阔论。围绕内容主旨谋篇布局、执简御繁体现着历史教师独特的思想洞见。王斯德先生曾经告诫我们：“教材的编写在很大程度上是基于课程标准和历史史实的一种再创作。”其实，历史教学何尝不是基于课标教材和历史教材的再创作？历史老师是应该有文学素养的。逝去的时光让历史蒙上了一层神秘的尘烟，要将不可复制的陈年往事和生僻艰涩的历史概念直观、形象、生动地在短短的40分钟时间内呈现出来，不仅需要丰厚的历史积累和社会阅历，而且需要老师用生动形象的语言，精练含蓄、隽永传神哲思和文彩，在激扬清浊、解颐醒世的讲解中品史入理。

本章自主学习检测

【家国情怀的考查视角】

（1）弘扬爱国主义，传承民族精神。爱国主义是千百年来形成的对于自己祖国挚爱的深厚情感。我国自古以来就是一个统一的多民族国家，各族人民共同缔造了我们伟大的祖国，共同捍卫了祖国的领土、主权和国家统一。维护祖国统一，是国家的最高利益所在。每个民族、每个人的命运都同祖国的命运紧密联系在一起。只有祖国强大繁荣、文明昌盛，每个民族才能繁荣进步，每个人才能幸福发展。我国宪法明确规定："中华人民共和国公民有维护国家统一和全国各民族团结的义务。"因此每个公民，不论是何民族，都要把维护祖国统一和加强各民族团结作为自己的神圣职责。只有这样，民族才能因国家发展而繁荣，国家才能因民族团结而兴旺。

（2）爱岗敬业。为共和国大厦添砖加瓦，要把对理想执着的追求落实在爱岗敬业、争创一流业绩上。要讲道德，知荣辱，讲诚信，重责任，有作为。

（3）奉献精神。"中国一定要有自己的航母舰载机，中国的航空事业一定要赶超世界先进水平，中国一定要强大。"有了像罗阳这样无数优秀的中华儿女前仆后继、无怨无悔地付出、拼搏和牺牲，才能有辉煌灿烂的中华文明，才能有历经磨难却始终屹立在世界民族之林的伟大民族。

（4）恪守道德。"富贵不能淫，贫贱不能移，威武不能屈。"坚持正义，追求真理，磊落坦荡。正因为能够超越个人私利而关注国家、社会和民族，才能成为推动历史前进的优秀分子和重要力量。

（5）坚守公平正义、责任感、使命感。公平正义是衡量一个国家或社会文明发展的标准。公平正义，就是社会各方面的利益关系得到妥善协调，人民内部矛盾和其他社会矛盾得到正确处理，社会公平和正义得到切实维护和实现。民主法治就是社会主义民主得到充分发扬，依法治国基本方略得到切实落实，各方面积极因素得到广泛调动。公民意识是指公民个人对自己在国家中地

位的自我认识，也就是公民自觉地以宪法和法律规定的基本权利和义务为核心内容，以自己在国家政治生活和社会生活中的主体地位为思想来源，把国家主人的责任感、使命感和权利义务观融为一体的自我认识。

（6）倡导人文精神，构建和谐社会。人文精神的基本含义就是尊重人的价值，尊重精神的价值。它是构成一个民族、一个地区文化个性的核心内容，是衡量一个民族、一个地区文明程度的重要尺度。在当代中国，人文关怀的实质是在理顺人与其他种种对象的关系中，确立人的主体性，从而确立一种赋予人生以意义和价值的人生价值关怀，实现人的自由而全面的发展，进而构建和谐社会。

【家国情怀考查例析】

1. 爱国主义、牺牲精神

【示例1】英国科学家赫胥黎的《进化论与伦理学及其他》认为不能将自然的进化论与人类社会的伦理学混为一谈。但严复将该书翻译成《天演论》时，“煞费苦心”地将二者联系起来，提出自然界进化规律同样适用于人类社会。严复意在（　）

A. 纠正生物进化论的错误

B. 为反清革命提供理论依据

C. 传播“中体西用”思想

D. 促进国人救亡意识的觉醒

解析：19世纪末民族危机空前严重，严复“煞费苦心”地将自然的进化论与人类社会的伦理学联系起来，目的是推动国人的思想解放，故A项错误；严复是资产阶级维新派的代表人物，没有倡导反清革命，故B项错误；严复是资产阶级维新派的代表人物，与洋务派“中体西用”思想无关，故C项错误；严复“煞费苦心”的目的是宣传社会进化论思想，以“物竞天择，适者生存”的思想促进国人救亡意识的觉醒，故D项正确。

答案：D

2. 奉献精神、主人翁意识

【示例2】右图为1956年的一幅漫画《两把尺》（画中字：“奶奶的尺——量布做新衣。阿姨的尺——测量祖国，建设社会主义。”）。该漫画反映了（　）

A. 社会主义建设以工业化为中心

B. 女性成为国家建设的重要力量

C. 人民公社化运动蓬勃开展

D. 城乡差别发生根本性改变

解析：1953年至1956年过渡时期的总路线体现出社会主义建设以工业化为中心的任务，且材料只提及建设社会主义，无法体现以工业化为中心，故A项错误；由材料“1956年”可知三大改造完成后，要充分调动各方面力量全面建设社会主义，由材料“奶奶的尺”“阿姨的尺”可知女性成为国家建设的重要力量，故B项正确；1958年掀起人民公社化运动，与材料时间不符，故C项错误；材料漫画中只提及“奶奶”和“阿姨”的作用，无法体现城乡差别，故D项错误。

答案：B

3. 文化自信

【示例3】据《史记》记载，商汤见野外有人捕猎鸟兽，张设的罗网四面密实，认为这样便将鸟兽杀绝了，“乃去其三面”，因此获得诸侯的拥护，最终推翻夏桀，创立商朝。这一记载意在说明（　）

A. 商汤成功缘于他的仁德之心

B. 捕猎是夏商时主要经济活动

C. 商朝已经注重生态环境保护

D. 资源争夺是夏商更替的主因

解析：A对，材料中，商汤意在将鸟兽赶尽杀绝的罗网“去其三面”，即放鸟兽一条生路，体现了他的仁德之心，因此获得诸侯的拥护，得以灭夏建商。再根据设问“意在说明”，联想司马迁写作《史记》的目的“究天人之际，通古今之变”，即说明历史兴衰的规律，以警示后代统治者。B错，夏商时期农业已经有所发展，所以捕猎不再是主要的经济活动。C错，注重生态环境保护虽然符合材料内容，但不是《史记》中这一记载的本意。D错，材料没有涉及资源争夺。

答案：A

4. 道路自信、理论自信、创新意识

【示例4】五四运动后，出现了社会主义是否适合中国国情的争论，有人反对走俄国式的道路，认为救中国只有一条路，就是“增加富力”，发展实业；还有人主张“采用劳农主义的直接行动，达到社会革命的目的”。这场争论（　）

A. 确定了新民主主义革命的道路

B. 使思想界认清了欧美的社会制度

C. 在思想上为中国共产党的成立准备了条件

D. 消除了知识分子在救亡图存方式上的分歧

解析：C对，题干反映的是五四运动后关于社会主义是否适合中国国情的争论。通过这些争论，传播了马克思主义思想，产生了一批早期马克思主义者。马克思主义的传播及其与工人运动的结合，为中国共产党的成立准备了条件。A错，新民主主义革命的道路是农村包围城市，武装夺取政权，发生在关于社会主义的争论之后。B错，材料反映的是社会主义是否适合中国国情，与欧美社会制度没有关系。D错，“消除”一词说法错误。

答案：C

5. 树立正确的人生观、价值观

【示例5】（2019年全国文综Ⅰ卷，47）阅读材料，回答问题。

材料　刘源张（1925—2014），全国劳动模范，中国工程院院士，被誉为“中国质量管理之父”。20世纪50年代，留学美国的刘源张冲破美国政府的阻挠回到祖国。回国后，他投入工业化建设中，将所学的质量管理理论方法运用到生产实践，影响很大，被称为“工厂大夫”。1976年后，他倡导并积极推动建立严格的全面质量管理制度，在第二汽车制造厂等企业所取得的经验，经国务院采纳在全国企业推广，产生重大影响。1989年起，他主持了“中国工业生

产率管理理论和方法研究”项目，提出工业企业定额制定准则，在企业应用中取得较好的经济效益。他提出的有关质量管理的理论曾获奖。他参与了2012年国务院颁布的《质量发展纲要》的起草和定稿工作，该纲要明确规定：“推动建设质量强国。”

——摘编自方莉《少壮常怀强国志华巅犹抱济时心》

（1）根据材料并结合所学知识，概括刘源张对中国现代化建设的贡献。

（2）根据材料并结合所学知识，说明刘源张、李四光等先进人物所体现出的时代精神。

【参考答案】

（1）将西方先进质量管理科学引进中国；倡导并推动建立严格的全面质量管理制度；丰富了中国质量管理理论，将质量管理运用到生产实践中，产生良好的经济效益；在国家质量发展规划等制订工作中发挥重要作用。

（2）热爱、报效祖国；对科学的执着追求，奋发图强的精神；理论与实践结合。

6. 树立振兴国家和民族的意识

【示例6】（2018年全国文综Ⅰ卷，41）阅读材料，完成下列要求。

中国基层社会治理历史悠久。改革开放以后，村民自治成为中国亿万农民的伟大创造。

材料一　宋代一些地方实行乡约制度，其功能主要是扬善惩恶，制定规约进行道德教化，并建立民间组织和相关的赏罚制度。明清时期，宣讲“圣谕”成为乡约最重要的内容。当时，由地方官吏广泛推行乡约制度，设立乡约组织，每月召集百姓宣讲、教化。康熙九年颁布了乡约组织必须宣讲的《上谕十六条》，内容包含“重农桑以足衣食”“训子弟以禁非为”等。

——摘编自杨开道《中国乡约制度》

材料二　清末，时人认为“地方自治者，为今世界立国之基础……于救亡之事，至为切要”。1909年，清政府颁布《城镇乡地方自治章程》，地方自治大致按行政区划分城镇和乡两级，设立议事会为议决机关，议员由选民互选充任。

——摘编自张海鹏《中国近代通史》

材料三　20世纪80年代后，村民自治迅速发展，到1997年年底，全国共有91万个村民委员会的村干部由村民直接选举产生，大部分农村有90%以上的选民参加了选举。1998年颁布了《中华人民共和国村民委员会组织法》，村民委员会是我国农村基层社会的群众自治组织。

——摘编自郭德宏《中华人民共和国专题史稿》

（1）根据材料一并结合所学知识，概括宋代到明清时期乡约制度的变化，并说明乡约制度的积极作用。

（2）根据材料二并结合所学知识，简述清末城镇乡地方自治的历史背景。

（3）根据材料三并结合所学知识，说明村民自治的意义。

【参考答案】

（1）变化：宋以道德教化为主，明清增加了宣讲“圣谕”的内容；乡约组织从民间自发建立到由地方官吏推动设立。积极作用：有利于维护社会秩序，加强基层社会治理；有利于发展生产；促进了儒家文化和传统道德的传播。

（2）内忧外患；西方民主思想传播；清末新政，改革政治制度。

（3）乡村治理的创新，国家治理体系的健全；推动基层民主，促进社会主义政治文明；改革基层社会治理制度，适应社会主义建设的要求。

7. 热爱劳动、全面发展

【示例7】阅读材料，完成下列要求。

材料一　“耕读传家”“耕读结合”这一现象存在于几乎整个中国古代社会，它的形成与古代农耕文明的经济政治文化特征密不可分。春秋时期墨家成员既从事教学也从事劳动生产，他们崇拜的是大禹“沐疾风，置万国”“形劳天下”的刻苦精神；宋代陆九渊在象山精舍，率领弟子开山造田，聚粮筑室，相与讲习。明代著名理学家吴与弼长期居乡，躬耕食力，弟子从者甚众，其学生一日未早起，他便大声斥责说：“秀才，若为懒惰，即他日何从到伊川（程颐）门下？又何从到孟子门下？”耕读结合的价值取向彰显了劳作教育的重要地位，对后世影响深远。

——摘编自胡青《耕读——中国古代的教育与生产劳动相结合》

材料二 1949年新政协通过的《共同纲领》指出："提倡爱祖国、爱人民、爱劳动、爱科学、爱护公共财物为中华人民共和国全体国民的公德。"将"爱劳动"列为国民五项公德之一。……1954年，因轻视体力劳动的思想仍普遍存在，部分小学和初中毕业生不愿毕业后成为劳动者，对无法如愿升学产生不满。在此背景下，国家颁布了一系列的文件，提出要加强劳动教育，提高生产技术水平。……1958年9月，中共中央、国务院发布了《关于教育工作的指示》，提出要克服教育工作中的右倾思想和教条主义，教育要与生产劳动相结合，培养具有社会主义觉悟的有文化的劳动者。这是中共中央首次将教育与生产劳动相结合作为我国的教育方针。

材料三 2015年7月，教育部印发了《关于加强中小学劳动教育的意见》，提出要使劳动综合育人的功能得到充分发挥，强调劳动对五育的促进功能，指出劳动教育具有教育全属性的机制，对劳动教育的内在价值进行了肯定。

——摘编自刘向兵《新时代高校劳动教育论纲》

（1）根据材料一并结合所学知识，分析中国古代"耕读结合"现象长期存在的原因。

（2）根据材料二并结合所学知识，指出中华人民共和国成立初期劳动教育地位的变化，并简评其影响。

（3）根据以上三则材料，谈谈从当前我国重视劳动教育中你得到了什么启示。

【参考答案】

（1）精耕细作农业模式的发展；封建政府重农政策的影响；"耕读"中的勤劳刻苦精神是中华传统美德；耕读结合符合理学修身养德的价值观；耕读结合有利于扩大教育的社会基础。

（2）变化：劳动教育由培养国民基本公德到成为教育方针的中心内容，地位明显上升。影响：有利于扭转歧视体力劳动者的观念；有利于树立劳动光荣和吃苦耐劳的时代精神；有利于提高青少年身体素质；有利于为社会主义现代化建设提供更多的技术人才；但受到当时政治上"左"倾思想的影响，过度强调劳动教育的比重会影响文化知识的学习。

（3）劳动教育应与弘扬中华民族优良传统相结合；劳动教育应与德育、智育、美育共同发展，发挥综合育人功能；劳动教育应适应时代发展的需要适时调整。

【习题快练】

1. 周代大封同姓，“割天下之半而归之姬氏之子孙，则渐有合一之势；而后世郡县一王，亦缘此以渐统一于大同，然后风教日趋于画一，而生民之困亦以少”。据此可知，周代分封（　）

A. 推动了多元文化的融合与认同

B. 强化了中央集权体制

C. 为秦汉的政治统一奠定了基础

D. 促进了郡县制的产生

2. 1919年5月7日，《晨报》刊登了一篇题为《国民外交协会宣言》的文章。文中指出青岛、山东是“齐鲁名邦”“孔孟之圣迹”“文明吐露之源泉”。由此可见当时的部分文化精英希望（　）

A. 借传统文化深化爱国意识

B. 促使民主思想进一步扩散

C. 重塑儒家思想的主流地位

D. 借文化圣地博得列强的理解

3. 1931年中国共产党建立中华苏维埃共和国，还使用过苏维埃工农共和国的称号；1935年改称中华苏维埃人民共和国；1936年提出建立民主共和国。这反映了（　）

A. 马克思主义中国化进程

B. 中国共产党根据地的范围在不断扩大

C. 共和国观念已深入人心

D. 日本侵华改变了共和国的观念

4. 稳定和革新是每个民族前进过程中面临的永恒话题。阅读材料，完成下列要求。

材料一　（中国）从14世纪中叶到19世纪欧洲人开始真正侵入为止，这整个时代是人类有史以来政治清明、社会稳定的伟大时代之一……在这些世纪里，一个生机勃勃的新欧洲正在崛起。

——摘编自斯塔夫里阿诺斯《全球通史·1500年以后的世界》

材料二　一个人的绝对权力阻碍了国家的发展。不限制这种权力，国家便无法进步。克服专制王权于是成了继续前进的条件，在这个时候，谁先克服专制王权，谁就先迈出现代化的第一步。

——摘编自钱乘旦《世界近现代史的主线是现代化》

（1）结合时代背景，说明材料一中国“政治清明、社会稳定”的依据。

（2）17世纪的中国、英国都产生了进步的思想主张。结合所学知识，指出这一时期中国的黄宗羲提出的相关主张并说明其历史影响。“光荣革命”后，为解决该“问题”，英国议会制定法律确定了怎样的原则？

第六章　多元史观

史观，就是用什么样的观点看待历史。基本史观教学是中学历史教学的基本任务之一，通过对多元史观的了解和把握，培养学生多角度分析历史现象的能力。高中历史教学应注意让学生掌握唯物史观，同时也要了解整体史观、近（现）代化史观、文明史观、社会史观和生态史观等一些基本史观。

一、唯物史观

【原典阅读】

人们在自己生活的社会生产中发生一定的、必然的、不以他们的意志为转移的关系，即同他们的物质生产力的一定发展阶段相适合的生产关系。这些生产关系的总和构成社会的经济结构，即有法律的和政治的上层建筑竖立其上并有一定的社会意识形式与之相适应的现实基础。物质生活的生产方式制约着整个社会生活、政治生活和精神生活的过程。不是人们的意识决定人们的存在，相反，是人们的社会存在决定人们的意识。社会的物质生产力发展到一定阶段，便同它们一直在其中运动的现存生产关系和财产关系（这只是生产关系的法律用语）发生矛盾。于是这些生产关系便由生产力的发展形势变成生产力的桎梏。那时，社会革命的时代就到来了。

——马克思：《政治经济学批判》序言

【内容解析】

历史唯物主义是认识人类社会发展一般规律的科学，是马克思主义哲学的重要组成部分，是科学的社会历史观，是认识和改造社会的一般方法论。唯物史观强调运用马克思历史唯物主义的基本观点研究历史，是以生产力和生产关系、经济基础和上层建筑、阶级和阶级斗争为基本原理，研究全部历史的史观。唯物史观在各类史观中具有基础和核心地位。强调的关键词有生产力、生产关系、经济基础、上层建筑、阶级斗争、革命、侵略、反抗等。唯物史观包含下面几个方面意思：第一，生产力决定生产关系，生产关系反作用于生产力。第二，经济基础决定上层建筑，上层建筑反作用于经济基础。第三，人民群众是创造历史的主人。第四，历史是不断进步的。任何历史人物、历史活动、制度措施都必须适应历史发展的潮流。第五，从阶级矛盾、社会性质等革命发展的角度分析历史问题。

【考题举例】

【示例1】（2011年广东文综，21）有学者认为："19世纪70年代的新欧洲……可以看作是唯物辩证法所指的历史上阶级斗争的新阶段。"该观点依据的史实是

A. 第一次工业革命　　　　B. 俄国十月革命

C.《共产党宣言》发表　　　D. 巴黎公社革命

解析：从阶级斗争的角度考查历史阶段特征。

答案：D

【示例2】（2013年山东文综，13）1923年，陈独秀说："五四运动虽然未能达到理想的成功，而在此运动中最努力的革命青年，逐接受世界的革命思潮，由空想而实际运动，开始了中国革命之新的方向。"陈独秀所说的"中国革命之新的方向"指

A. 武装革命　　B. 无产阶级革命

B. 民族革命　　D. 国民革命

解析：从革命发展的角度阐释历史事件。

答案：B

【示例3】（2014年天津卷）阅读材料，回答问题。

材料一　孟子对于农商一列平视，从无重农抑商之主张。孟子以前之政治家，大多亦无重农抑商之主张。持此主张并实行此政策者，始自商鞅自此视农为"本富"，商为"末富"。所谓"崇本抑末"之思想，渐成为中国流行的经济思想。

——摘编自李剑农《中国古代经济史稿》

（1）指出材料一中孟子和商鞅对"农商"的态度。商鞅持此主张是基于什么认识？有何具体背景？

材料二　随着西汉社会经济的发展，商人势力迅速膨胀……严重影响中央财政收入。公元前119年汉武帝令"初算缗钱"，向工商业主、高利贷者征收资产税，并处罚隐瞒资产或申报不实者后又下令"告缗"，鼓励民众告发不如实申报的商人，结果"商贾中家以上大氐破"。

——摘编自邱树森、陈振江《新编中国通史》

（2）指出材料二中汉武帝采取的措施及其目的。为实现这一目的，汉武帝还有哪些举措？

材料三 （宋）太宗淳化二年诏曰："关市之租，其来旧矣……征算之条，当从宽简，宜令诸路转运使……市征所算之名品，共参酌裁减，以利细民"。又诏："除商旅货币外，其贩夫贩妇细碎交易，并不得收其算"。

宋代的"州郡财除民租之外，全赖商税"。

——摘编自马端临《文献通考》

北宋商税简表

年份	年商税额	指数
995—998年	400万贯	100
1004—1008年	450万贯	113
1058年	700万贯	175
1064—1068年	846万贯	212
1077年	879万贯	220

——摘编自漆侠《中国经济通史·宋代经济卷》

（3）分析材料三，说明宋代的商业状况和商业政策。

（4）依据上述材料，谈谈你对中国古代政府调整商业政策的认识。

【参考答案】

（1）态度：孟子：农商平等；商鞅：重农抑商。认识：农业是本业，商业是末业。背景：当时商业与农业争夺劳动力，影响农业生产。

（2）措施：征收资产税（算缗），鼓励告发不如实申报资产的商人（告缗）。

目的：抑制商人势力，增加财政收入。举措：货币官铸、盐铁酒专卖、官营贩运、物价管理。

（3）状况：商业不断发展；商业地位重要。政策：重视商业，如适当减免商税。

（4）认识：重农抑商是中国古代政府的基本政策，但当政府感到财政等方面需要时，也会对政策有所调整，放宽对商业的限制，甚至鼓励商业发展。

二、整体史观（全球史观）

【原典阅读】

在当前世界性事件的影响下，历史学家所要达到的理想是建立一种新的历史观。这种历史观认为，世界上每个地区的每个民族和各个文明都处在平等的地位上，都有权利要求对自己进行同等的思考和考察，不允许将任何民族和文明的经历只当作边缘的无意义的东西加以排斥。

——杰弗里·巴勒克拉夫：《当代史学主要趋势》

我们渐渐不情愿地认识到，在今天这个世界上，传统的以西方为导向的历史观已不合时宜，且具有误导性。为了理解变化了的情况，我们需要一个新的全球视角。尽管伴有种种精神求索的阵痛，但世界却完成了自己从旧到新的转变。

——斯塔夫利阿诺斯：《全球通史》

丝绸之路上的文化、城市、居民的进步和发展都有其原因可寻：人们在从事贸易沟通、思想沟通，在互相学习、互相借鉴；在哲学、科学、语言和宗教方面，人们从交流中得到启发，得到拓展。

2000多年以前，人们今日所熟知的“丝绸之路”贸易网络就已存在，它将中国太平洋沿岸和非洲及欧洲的大西洋沿岸联系在了一起，使波斯湾和印度洋之间的货物流通成为可能，同样还有穿越亚洲之脊的、连接城镇和绿洲的陆上通道。

——彼得·弗兰科潘：《丝绸之路：一部全新的世界史》

【内容解析】

整体史观又称为全球史观。主张将人类社会的历史作为一个整体来看待。从世界历史的整体发展和统一性角度考察历史，认为人类历史的发展过程是从分散向整体发展转变的过程，这一转变开始于新航路的开辟。强调交往、交流、融合在人类历史进程中的作用。斯塔夫里阿诺斯在他的名著《全球通史》中对全球史观做了如下描述：研究的是全球而不是某一个国家或地区的历史；关注的是全人类，而不仅仅是欧洲人或非欧洲人。此外，全球史并不等于国别史或地区史的简单相加，而是重在揭示不同地区和国家历史的相互联系与影响。全球史观强调的关键词：分散到整体、世界市场、世界体系、世界格局、全球化、区域化等。

【考题举例】

【示例1】（2013年广东文综，38）有学者在研究世界经济贸易关系时提出了以下论点，阅读材料，回答问题。

材料　早在13、14世纪，连接欧亚非地区的世界贸易网已经形成，欧洲在其中一直处于边缘地位。这不仅因为欧洲的经济总量远远无法与亚洲的中国、印度相比，还由于欧洲人从亚洲输入香料、丝绸、瓷器、棉织品等商品时，能向亚洲销售的产品极少，多数情况下只能以金、银等贵金属交易，欧洲的贵金属货币日益紧缺。16世纪欧洲在世界经济贸易中的这个处境开始改善。但一直到18世纪，原有的世界贸易格局仍没有改变。随着欧洲人越来越广泛深入地融入和利用既存的经济贸易体系，并在其中发挥日益增大的影响力，到19世纪欧洲终于成为世界经济贸易中心。

——摘编自弗兰克《白银资本》等

（1）根据材料，13到18世纪，在世纪经济贸易中居优势地位的是哪个地区？结合所学知识，分析16世纪欧洲在世界经济贸易中处境开始改善的主要原因。

（2）根据材料和所学知识，指出与18世纪相比，19世纪欧洲和中国在世界经济贸易中的相对地位发生了怎样的变化，并分析促成这一变化的政治、经济原因。

（3）结合史实，说明第二次世界大战后经济全球化的发展趋势。

解析：从世界整体发展的角度考查世界贸易的发展状况和经济全球化问题。

【参考答案】

（1）亚洲：新航路开辟，殖民扩张，得到大量的贵金属，并在国际贸易中获得丰厚利润。

（2）欧洲上升；中国下降。原因：欧洲建立资本主义政治体制；进行工业革命；对外殖民扩张；充分利用既有的经济贸易体系；中国仍坚持封建专制统治；自然经济仍占主导地位；实行闭关锁国政策；遭受西方侵略。

（3）第二次世界大战后初期，在世界银行、国际货币基金组织和关贸总协定的基础上，形成了以美国为中心的资本主义世界经济体系；建立了北美自由贸易区、亚太经合组织、欧盟等，区域集团化趋势不断加强；冷战结束、世界贸易组织建立，越来越多的国家融入世界市场，经济全球化趋势不断加强。

三、近（现）代化史观

【原典阅读】

实际上，尽管学者们都认同现代化是从传统社会向现代社会转变的过程，但这种转变绝不仅仅局限于经济方面、或政治方面、或价值观念等某一方面的变动，现代化是一个内容丰富、涵盖面广的概念，它是一种整体的社会变动，不但包括工业化所推动的经济增长，还包括社会在政治、思想、文化等各个方面的全方位变化。

……

值得注意的是，亨廷顿还特别概括出了大部分学者都承认的现代化进程所包含的九种特征：第一，现代化是革命的过程。从传统性向现代性的转变必然涉及人类生活方式根本的和整体的变化，这种变化的规模之大，恐怕“只有一万年以前游牧民族向定居农民的转变才可与之比拟”。第二，现代化是复杂的过程。不能将现代化过程简单归纳为某一种因素或某一个方面，它包含着实际上是人类思想和行为一切领域的变化。第三，现代化是系统的过程。一个因素的变化将联系并影响到其他各种因素的变化，现代化的各种因素极为密切地联系在一起。第四，现代化是全球的过程。现代化起源于15、16世纪的欧洲，但现在已经成为全世界的现象。第五，现代化是长期的过程。现代化所涉及的整个变化需要时间才能解决，因此，从传统社会中发生的变化来看，现代化确实是革命的过程，但从这些变化所需要的时间来看，现代化又是进化的过程。第六，现代化是有阶段的过程。一切社会进行现代化的过程有可能区别出不同的水平或阶段，它显然是从传统阶段开始，以现代阶段告终。第七，现代化是一个同质化的过程。现代化在社会之间产生了集中的趋势，现代化意味着在政治上组织起来的社会趋向于它们之间的相互依存以及各个社会趋向于最终结合的运动。第八，现代化是不可逆转的过程。虽然在现代化过程中某些方面可能出现暂时的挫折和偶然的倒退，但在整体上现代化基本上是个长期的趋向。第九，现代化是进步的过程。现代化的精神冲击很多，也很深刻，但从长远的观点来看，现代化不仅是不可避免的，而且是人心所向的。客观而言，亨廷顿所总结的九大特征，是对现代化进程的一种较完备的总结和描述。

——钱乘旦：《世界现代化历程》总论卷

【内容解析】

近（现）代化一般是指在生产力发展和科学技术进步的推动下，人类社会从传统农业社会向现代工业社会转变的历史过程。主要包括经济的工业化和市场化，政治的民主化和法制化，思想文化的科学化、理性化，社会生活的城市化、平等化等。其核心是经济工业化和政治民主化。强调的关键词：工业化、市场化、民主化、法制化、科学化、理性化等。

对近（现）代化史观我们要准确理解，要明确以下几点认识：一是建立民族独立国家是实现近（现）代化的前提，民族独立是近（现）代化的产物。二是近（现）代化是历史发展的必然趋势，必须与时俱进顺应历史发展潮流。三是要辩证地看待近（现）代化，要注意它也有消极的一面，要注意趋利避害。

【考题举例】

【示例1】（2013年全国卷新课标1文综，29）现代化是晚晴历史发展的一个趋向，最能体现这一趋向的是（　　）

A. 洋务运动—戊戌政变—清末新政

B. 洋务运动—戊戌变法—辛亥革命

C. 鸦片战争—中法战争—甲午战争

D. 太平天国运动—义和团运动—辛亥革命

解析：本题直接考查中国近代的现代化进程问题。洋务运动在经济、教育、军事等方面开启了中国近（现）代化的历程。戊戌变法和辛亥革命促进了晚清时期的政治现代化。戊戌政变、义和团运动都是反现代化的活动。

答案：B

【示例2】（2013年山东文综，28）19世纪末20世纪初，中国文化教育领域发生了重大变化。阅读材料，回答问题。

材料二　表2为《京师大学堂专业设置简表》。

表2

科目	专业	备注
经学科	周易、论语、春秋、理学等	各科预科阶段均须开设的课程： 经学大义 人伦道德 中国文学 外国语 体操
政法科	政治、法律	
文学科	中外史学、地理、文学等	
商科	银行及保险、关税等	
格致科	算学、化学、物理等	
农科	农学、林学等	
工科	机器、造船、电气等	
医科	医学、药学	

——摘编自1904年《奏定大学堂章程》

（2）根据表2，说明京师大学堂的专业与课程设置如何体现了“中体西用”的办学思想。试从经济和政治两个方面分析其对中国现代化的影响。

解析：要求从经济和政治两个方面，根据京师大学堂的专业与课程设置所反映的教育情况，分析其对中国现代化的影响。从现代化史观的角度，经济方面应着眼于分析推动工业化问题，政治方面应着眼于分析是否有利于推动政治民主化。

【参考答案】

（2）表现：经学大义等课程列为预科基础课程，大学阶段设置经学科，体现了“中体”思想；设置工科、格致等科，学习近代化学、物理、电气等自然科学和应用科学，体现了“西用”思想。影响：经济上，从推动中国经济现代化发展角度作答，言之有理即可得分。政治上，从“以经学维护清政府的统治，不利于政治民主化的发展”“培养了一大批具有新思想的知识分子，推动了中国政治民主化进程”任一角度作答，言之有理即可得分。

【示例3】（2013年四川文综，13）权力监督与制约是政治领域的重要问题。阅读材料，回答问题。

材料三　《英国政治制度史大事记》（部分）

英国政治制度史大事记（部分）	1832年《议会改革法案》
1215年《大宪章》限制王权，保障贵族特权，保护部分骑士与市民的利益	19世纪50年代责任内阁制趋于完备
1265年孟福尔议会召开，英国议会产生的标志	19世纪中叶两党制度形成
1628年《权利请愿书》	1867年第二次议会改革
1689年《权利法案》	19世纪晚期内阁权力膨胀，人称议会“第三院”
1701年《王位继承法》	1884年第三次议会改革
1721年沃波尔主持内阁会议，开创了多数党领袖组阁的先例	1911年《阿斯奎斯法案》，上院权力进一步削弱
1747年君主不再行使立法否决权	1948年议会通过《人民代表法案》，确立“一人一票”制度

（2）根据材料三，指出近代英国限制王权历史进程中的重要事件。说明近代英国政治体制的权力制衡关系。

（3）英国民主政治的发展呈现出鲜明的渐进性、灵活性等特点，任选其一结合史实予以说明。

【参考答案】

（2）重要事件：通过《权利法案》；通过《王位继承法》；开创多数党领袖组阁先例；君主不再行使立法否决权。权力制衡关系：议会掌握立法权，拥有对内阁的行政监督权；内阁掌握行政权，通过控制立法提案权、财政权等手段控制议会；选民通过投票制衡执政党，进而制衡内阁；两党轮流执政，反对党制衡执政党。

（3）渐进性：许多机构和制度通过渐变的方式逐步确立和完善，如下议院权力扩大、选举权逐步扩大、内阁制逐步完善等。灵活性：不受单一成文法的限制，根据形势发展不断进行调整以适应时代需要，如工业革命后随着阶级关系变化实行议会改革，适时调整选举权范围；通过一系列惯例，促成内阁制的形成与完善等。

四、文明史观

【原典阅读】

文明的意思是指在一个特定时代存在的一种特定文化或特定文化阶段。

……

我认为，我们必须更进一步，将文明等同于一种社会状态。

怀特海说："世上每一个因具有高级活动而闻名的时代，在其巅峰阶段，以及在造成这一顶峰阶段的代表人物中间，都能发现某种深刻、普遍的特征，它们被不声不响地接受，在人们日常发生地行为上打下自己的印记。"

……

如果依从怀特海的说法，我就应在精神的意义上给文明一个定义。它或许可以称为创造一种社会状态的努力，在这个社会状态中，整个人类成为一个无所不包的大家庭的成员，将在一起和谐地生活。我相信，这就是迄今已知的所有文明一直有意无意追求的目标。

——阿诺德·汤因比：《历史研究》

要阐释文明的观念，需要所有社会科学协力合作。它们当中包括历史学，但在本章中历史学仅仅扮演一个微不足道的角色。在此，要提到的反而是其他那些被称作辅助学科的社会科学：地理学、社会学、经济学和集体心理学。这意味着我们要涉足四个截然不同的领域。尽管一开始它们的面貌各不相同，但结果是基本一致的。

作为地理区域的文明。文明，无论其范围广大还是狭小，在地图上总能找到它们的坐标。它们的本质特征取决于它们的地理位置所带来的局限或便利。

……

作为社会的文明。离开社会的支持，离开社会带来的张力和进步，文明便不能存在。

……

作为经济的文明。每个社会，每种文明，都依赖于经济、技术、生态、人口等方面的环境。物质和生态条件总是在决定文明的命运上起到一定的作用。

……

作为集体心态的文明。在地理学、社会学和经济学之后，我们在最后必须转向心理学。……在每个时期，都有一种确定的世界观，都有一种集体心态支配着社会的全体大众。强加给社会一种态度，引导社会的选择，固执社会偏见，指导社会行动，这在很大程度上是文明的一种事实。

……

——费尔南·布罗代尔：《文明史》

文明是人类所创造的伟大成果，它既有物质的，也有精神的，既有政治的，也有经济的、文化的等，所以我们也可以大致把文明划分为物质文明和精神文明两大类。而文化则较多地指人类的精神财富，如文学、艺术、宗教、风习等。这样的理解其实是学术界的共识。意见分歧主要在于如何界定众多的文明。像亨廷顿，比较强调文明的精神内容，以为最主要的区别是宗教，所以他把当今世界上的主要文明确定为中华文明（儒教文明），日本文明（中国文明的后代），印度文明，伊斯兰文明，西方文明（基督教文明，其中的拉丁美洲文明被称为西方文明的次文明），非洲文明等。而有的学者则强调它的物质方面，认为是物质生产、是经济基础最终决定着文明的面貌和发展方向。文明当然有其重要的物质内容，它应该有一个相当的地域，有时候它和国家、民族相联系，但它又不等同于国家或者民族。它有自己的经济，包括农、工、牧、商各业的特点。在这一定的地域和生产方式之下，产生了文明群体的共同语言、宗教、生活习俗、心理认同等。文明是长寿的，所以这些文化因素、宗教、风习、语言、共同心理等，代代相传，形成了十分稳定的文明特征。但文明又是不断变动的，它的物质内容和精神内容，随着时间的推移，在自己的发展和外力的作用下，不断发生变化。我们只有从它的物质内容和精神内容，从它的变与不变的结合上，才能认清它的面貌、它的特征，才能把不同的文明划分开来。

……

文明是人类所创造的全部物质和精神成果，从这个意义上说，文明史也就是世界通史。过去的世界通史强调的是短时段的东西，政治事件、伟大人物，后来又加上了经济形势、文化情况等比较稳定的东西。文明史不同于世界史，它所研究的单位是各个文明，是在历史长河中各文明的流动、发展、变化。把文明作为研究单位，我们就要区别不同的文明，划分文明的不同类型。但这是一件十分困难的工作。我们可以用西方文明这样的概念来指称整个欧美文明，也可以区别出法国文明和英国文明的不同之处，说明它们都是独立的文明单位。在历史上存在过众多的文明，这些文明确实有强弱之分，有大小之别，有的文明对人类的贡献较大，有的贡献较小。有的文明已然灭亡，有的文明还在世界上屹然挺立。我们只能根据不同的时代、各文明的不同表现和作用，来确定我们所要叙述的文明的类型划分。我们也只能分析一些在历史上起过重大作用、作过较大贡献的文明，而不可能对各文明作详尽的罗列。

文明作为一个研究的单位，当然不同于国家、民族，所以在我们的分析中不可能照顾到国家、民族的演变线索。但文明的存在要有一定的地域空间，与国家、民族有许多关系。文明虽然不是一个政治实体，但文明的发展和政治实体有许多不可分割的联系，政治实体的作用对文明的形成、发展也是十分重要的。文明不完全等同于文化，可是两者的关系太密切了。语言、宗教、群体心理、风俗习惯，对文明的发展起着巨大的作用。个人在文明史的叙述、分析中，也许占不到什么位置，可是一个个人、一件政治事件，在文明史的发展上也并不都是无足轻重的。所以还是像布罗代尔所说的，文明史统括着一切的学科门类，她和通史很难分开，对她的研究要采用社会科学和人文科学的所有方法。

——马克垚：《世界文明史》

【内容解析】

文明史观，通常被称为文明史研究范式，是研究历史的一种理论模式。文明史观肇始于启蒙运动时期，伏尔泰的《风俗史》开启文明史研究的先河。形成于20世纪初，其代表人物及作品为德国学者斯宾格勒的《西方的没落》。集大成者为英国历史学家汤因比，其代表作为《历史研究》。法国历史学家布罗代尔也是文明史观的重要代表，其代表作为《文明史》。中国著名历史学家马克垚著有《世界文明史》，从文明演进的视角出发，以全球史的视野鸟瞰人类历史的发展进程。

文明史观认为人类历史从本质上说是人类文明发展的历史，人类创造、积累文明的过程及其所获得的成果是历史的基本内容。纵向来看，人类文明分农业文明和工业文明。横向来看，人类文明包含物质文明、政治文明和精神文明三大部分。从范围上看，可以分为古代希腊、罗马文明、中华文明（儒家文明）、伊斯兰文明、西方基督教文明、古埃及文明、美洲印第安文明以及西方资本主义文明和社会主义文明等。文明史观承认历史发展的多样性和统一性，尊重各文明单位的价值取向并不断交流融合。

文明史观的重要视角：一是生产力视角，以生产力标准划分农业文明和工业文明；二是整体视角，关注各种文明的演进历程，把中华文明纳入世界文明进行观察；三是交往的视角，文明交往是一个双向的或多向的相互作用的过程。

文明史观一般强调这些关键词：农业文明、工业文明、物质文明、政治文明、精神文明、传承、交流、融合等。

【考题举例】

【示例1】（2013年北京文综，41）中华大地幅员辽阔，历史悠久，文化灿烂。

东汉后期和唐朝前期黄河流域、长江流域县城数量表（单位：座）

时间 区域	东汉后期	唐朝前期
黄河流域	765	669
长江流域	342	611

（2）概述上表反映的县城数量及分布的变化，阐释导致变化的历史原因。

解析：从县城数量变化的角度考察中国古代文明的发展变化及其原因。从数量表分析变化的表现，结合时代背景分析变化原因。

【参考答案】

（2）变化：东汉后期至唐朝前期，黄河流域和长江流域县城数量总体有所增加。东汉后期，县城主要集中在黄河流域，长江流域数量较少；唐朝前期与东汉后期相比，黄河流域县城数量减少，长江流域数量增加。原因：①这一时期，北方战乱频仍，人口大量南迁，黄河流域县城数量减少。②人口南迁加速了南方的开发，使南北经济差距缩小，经济重心逐渐南移，南方县城数量增加。③隋唐时期，社会安定，经济繁荣，县城总体数量增加。

【示例2】（2014年安徽卷）阅读材料，回答下列问题。

材料一　16至18世纪，来自欧洲的大批传教士到达中国，他们把西方的科学知识引进中国，又把中国的典籍翻译、介绍到欧洲。18世纪，巴黎出版了欧洲汉学的三大名著，欧洲兴起了史无前例的“中国热”。当中国的园林建筑、茶叶瓷器、书籍戏曲、儒教哲学在欧洲大行其道的时候，来自欧洲的望远镜、水平仪等现代仪器，摆进了康熙皇帝的寝室。

正是在西方借助东方、欧洲借助中国完成对旧制度的现实批判和对新社会的思想启蒙，为欧洲自身的破茧成蝶准备条件的时候，欧洲人对东方的认识悄然发生变化。肯定、景仰的维度向否定、批判的维度转化，欧洲从马可·波罗时代开始的连续五个世纪对中国的崇拜与美化渐行渐远了。这一认识在19世纪达到顶峰。

——摘编自许平《欧洲人东方认识的拐点》

材料二　古今中西的几大文明，各有特点，但这些特点完全不应成为互相敌视的原因，倒恰好是彼此借鉴的理由。……任何一个文明，不论有多古老，有多特色，也必定含有与其他文明共享的一些价值理念。否认这一点，就无法参与全球精神财富的大循环。

——摘编自《南方周末》

（1）根据材料一并结合所学知识，简要说明欧洲人对中国的认识由肯定转向否定的原因。

（2）根据以上材料，结合所学知识，分析指出影响人类文明交流的因素及启示。

【参考答案】

（1）东西方交流加深（欧洲人的认识趋于全面，改变了对东方认识的理想化）；东西方历史发展的差异或西方发展迅速与中国发展缓慢（民主政治与君主专制；工业文明与农耕文明；思想解放与因循守旧）。

（2）因素：地理环境等自然因素的阻隔，使早期文明交流局限于毗邻地区；经济贸易与科技发展等，拓展了文明交流的范围；政治制度与思想观念的不同，使文明交流呈现出复杂性；文明的多元与共享价值，使文明交流具有互鉴的意义。启示：不同文明之间相互碰撞、相互交融、共同发展；文明交流推动人类社会进步。

五、社会史观

【原典阅读】

历史不仅是政治史、军事史和外交史，而且还是经济史、人口史、技术史和习俗史；不仅是君主和大人物的历史，而且还是所有人的历史。

——雅克·勒高夫：《新史学》

【内容解析】

法国年鉴学派是西方社会史学的主要代表。20世纪50年代以后，社会史学在美国、英国等国迅速崛起，并演变出许多新的分支，如家庭史、妇女史、人口史、婚姻史、地方史等。

社会史观认为，和历史上的经济、政治和文化问题一样，社会问题也是史学不可或缺的研究对象。它主张从社会生活的角度观察历史，着重分析研究社会问题，是社会学与历史学结合的产物，它引导人们“眼光向下”，从社会空间的角度认识历史。研究历史不仅要“眼光向上”，关注“大人物”“大事件”，而且要“眼光向下”，关注“小人物”，关注与平民百姓息息相关的“小事”。也可以理解为非英雄史观，包括社会变迁史、社会日常生活史、社会习俗史、家庭婚姻史、城市化和人口流动史、社会保障史、社会政策史、人与环境关系史等。要注意社会保障或社会福利及其相关问题。强调的关键词：社会、生活、环境等。

【考题举例】

【示例1】（2008年江苏卷）法国历史学家雅克·勒高夫在《新史学》中称：“历史不仅是政治史、军事史和外交史，而且还是经济史、人口史、技术史和习俗史；不仅是君主和大人物的历史，而且还是所有人的历史。”阅读以下材料，回答问题。

材料一 （东京）街南桑家瓦子……瓦中多有货药、卖卦、喝故衣、探搏、饮食、剃剪、纸画、令曲之类。

——孟元老《东京梦华录》卷二

材料二 梨园演戏……两淮盐务中尤为绝出。例蓄花、雅两部，以备演唱。雅部即昆腔，花部为京腔、秦腔、戈阳腔、梆子腔、罗罗腔、二簧调、统谓之乱弹班。

——钱泳《履园丛话》卷十二

材料三　金阊（今苏州城西南）商贾云集，宴会无时，戏馆数十处，每日演剧。

——顾公燮《消夏闲记摘抄》卷上

材料四　豆棚茅舍，邻里聚谈，父诫其子，兄勉其弟，多举戏曲上之言词事实，以为资料，与文人学子引证格言、历史无异。

——高劳《东方杂志·农村之娱乐》卷十四

（1）材料一中的“瓦子”又名“瓦肆”，它指的是什么？

（2）根据材料一、二、三，结合所学知识，分析戏曲开展的主要原因。

（3）材料二中的“花、雅两部”不断融合兼收，最终使哪一剧种形成？根据材料三、四概括戏曲的主要社会功能。

（4）在新史学理念的影响下，商人、戏曲及民间生活进入史学家的视野，这表明史学研究出现了怎样的变化？

【参考答案】

（1）娱乐演艺场所。

（2）商业的发展，城市的繁荣，市民阶层的扩大。

（3）京剧。休闲娱乐功能，社会教化功能。

（4）史学研究领域的拓宽。

【示例2】（2009年江苏卷）近代以来，人们的婚姻观念逐渐改变。阅读下列材料，回答问题。

材料一　父母之命这句话固然视为天经地义不可改易的，但是我们现在做父母的应该要晓得，这几千年来的礼教风俗到了今天决计行不通！……做父母的应该要明白些现在世界的大势！闭关自守，做不到了；农业经济组织下的状态，保不住了。

——摘编自陆秋心《婚姻问题的三个时期》（《新妇女》1920年4月15日）

材料二　我在小姊妹的帮忙下，加入了家庭妇联。我看见姊妹们加紧生产，努力学习文化，便愈感到自己的落后，我要好好地向姊妹们学习，我也加入了学习班。新婚姻法颁布以后，小姊妹张丽娟告诉我，说可以到家庭妇联申请向朱家离婚，婆婆没有理由阻拦我，于是我离婚了，我自由了。

——摘编自《一个童养媳的新生》（《解放日报》1950年9月1日）

材料三　婚姻不是件私事……在任何地方一个男子或女子要得到一个配偶，没有不经过一番社会规定的手续。

——摘编自费孝通《生育制度》

（1）根据材料一、二，人们的婚姻态度发生了怎样的变化？

（2）根据材料一并结合所学知识，说明作为婚俗背景的经济基础和家庭关系，从传统到近代发生了怎样的变化？材料二中“我”的婚姻态度发生变化的社会条件是什么？

（3）根据材料一、三，不同学者在婚姻自由度问题上的视角分别是什么？我们应如何全面地认识这一问题？

【参考答案】

（1）变化：从遵从父母之命到追求婚姻自由。

（2）经济基础：从传统小农经济到近代工商业的发展。家庭关系：从传统纲常伦理（父为子纲）到家庭成员的平等自由。社会条件：社会制度的变革（新中国的成立）；社团组织（家庭妇联）的支持；法律保障（新婚姻法的颁布）。

（3）视角：历史考察；社会关系考察。认识：随着社会的发展，婚姻当事人越来越自由，但处于社会关系中的人，婚姻自由总是相对的。

【示例3】（2013年重庆文综，14）阅读材料，回答问题。

材料三　“文化大革命”时期，“国防绿”“海军蓝”是中国城乡居民追求的色彩。那时，穿一身“国防绿”、腰间系一条帆布大板带、肩背军挎包成为青年男女尤其是大中专学生追求的一种时尚。20世纪80年代，色彩鲜艳、款式时髦的服装逐步在大众中流行。毛皮大衣、羽绒服、西服、呢大衣等各种服装充分展现穿着者的风采与魅力。民众受西方现代文化的影响较大，中国服饰正式走向了多元化。

——摘编自陈志华、朱华《中国服饰史》

（3）根据材料三，归纳中国民众的服饰发生了怎样的变化，并结合所学知识，分析导致这种变化的主要因素。

解析：从服饰变化这一社会生活的角度了解分析历史现象。

答案：（3）由单一服饰到多元化服饰。因素：改革开放；经济和社会发展，人民生活水平提高；民众思想观念变化；外来文化影响。

六、生态史观

【原典阅读】

我们不要过分陶醉于我们人类对自然界的胜利。对于每一次这样的胜利，自然界都对我们进行报复。每一次胜利，起初确实取得了我们预期的结果，但是往后和再往后却发生完全不同的、出乎预料的影响，常常把最初的结果又消除了。美索不达米亚、希腊、小亚细亚以及其他各地的居民，为了得到耕地，毁灭了森林，但是他们做梦也想不到，这些地方今天竟因此而成为不毛之地，因为他们使这些地方失去了森林，也就失去了水分的积聚中心和贮藏库。阿尔卑斯山的意大利人，当他们在山南坡把那些在山北坡得到精心保护的枞树林砍光用尽时，没有预料到，这样一来，他们就把本地区的高山畜牧业的根基毁掉了；他们更没有预料到，他们这样做，竟使山泉在一年中的大部分时间内枯竭了，同时在雨季又使更加凶猛的洪水倾泻到平原上。

——恩格斯：《自然辩证法》

由种种人类生态学现象的存在，是能够再进一步上升提炼为哲学观念的。这一观点如果能够成立，就可以建立起一种能够说明历史演变规律的历史观，生态学的历史观。

——梅棹忠夫：《文明的生态史观》

【内容解析】

生态史观是一种研究历史的态度与方向，其主张是从历史研究的地理环境以及生态结构的整体性出发，通过生态学的研究方法诠释人类历史的发展进程和发展模式。生态史观强调的是人类与环境之间的关系，要求人类能够作为环境的主体自觉维护和促进生态文明的不断进步。其核心是关注人类社会的可持续发展，强调对自然资源的合理开发、利用和保护，提倡生态建设，强调发展清洁生产技术和绿色产品，倡导文明适度的消费方式和建设生态文明社区。凡是从以上观点出发分析阐释历史现象的，就是生态史观。从历史的角度分析生态环境对人类社会发展的重要影响，确立人与自然和谐发展的生态平衡观。强调的关键词：生态环境、可持续发展等。

【考题举例】

【示例】（2013年北京文综，40）海洋是人类活动的重要舞台。

时间	历史资料
1831—1836年	达尔文进行环球航行考察
1840年	利物浦至波士顿之间的轮船航班开通
1858—1864年	瑞典地质学家伊雷克先后对北极斯匹兹卑尔根岛进行了3次考察，并绘制了详细地图
1859年	达尔文发表《物种起源》
1869年	连接地中海和红海的苏伊士运河开通
1869年	英国至印度海底电缆开通

（1）以“海洋与人类文明进步”为题，从上表中选择恰当的材料进行论述。

解析：人对生态自然的合理开发利用，人与生态自然的和谐相处，是生态史观关注的重要内容。海洋考察推动人类文明进步，人类技术进步又推动了对海洋的利用和开发。

【参考答案】

（1）①海洋考察推动了人类文明进步。

论述1：达尔文通过海洋考察扩大了视野，获得了新知，写出《物种起源》，提出优胜劣汰的生物进化论，对当时基督教的世界观形成极大挑战与冲击。

论述2：伊雷克对北极进行3次科学考察，绘制出地图，增进了人类对北极地区的了解。

②人类科技进步也推动了对海洋的利用与开发。

论述1：利物浦至波士顿之间轮船航班的开通，使工业革命成果应用于全球交通领域，有利于克服海洋的阻隔，促进了经济发展，便利了社会生活。

论述2：英国至印度海底电缆在很大程度上克服了海洋对人类区域的阻隔，缩短了交往时间，有利于信息传播。

七、运用多元史观综合分析历史问题

唯物史观揭示了人类社会发展的一般规律，是多元史观的基础。唯物史观是一个与时俱进的开放体系，是一个不断吸收人类精神文明的优秀成果、实现自身不断发展的体系。其他史观是对唯物史观的有益补充。多元史观之间相辅相成，共同揭示人类历史生动活泼、丰富多彩的发展过程。

综合运用多元史观分析历史现象和人物，多角度审视历史事件，培养学生的史观意识和多角度全面分析问题的能力，也应该是中学历史教学的基本任务。

（1）用多元史观评价新航路的开辟。

①革命史观：早期殖民扩张，灾难屈辱落后。②文明史观：人类文明链接，交流碰撞发展。③整体史观：世界市场雏形出现，世界由分散走向整体。④近代化史观：欧洲资本主义发展，落后地区开发。⑤社会史观：促进物种交流，丰富人民生活（烟草、玉米、可可、马铃薯的在欧亚传播，改变了人的饮食结构和生活习惯）。

（2）用多元史观认识两次工业革命的影响。

①社会史观：工业革命带来了严重的社会问题（无产阶级相对贫困化、童工问题等）。②生态史观：工业革命造成了自然环境的恶化和资源的过度消耗等。③现代化史观：工业革命推动了全球近代化的历程。④整体史观：进一步密切了世界各地的联系，推动了整体世界的形成和发展。⑤现代化史观：是人

类由农业文明向工业文明转变的转折点。⑥革命史观：工业革命推动西方列强对外扩张，给亚非拉人民带来灾难。

（3）用多元史观解读洋务运动。

①近代化史观：打出“自强”和“求富”旗号，创办近代企业，组建近代海军，发展近代教育等，对中国的工业近代化、国防和军队近代化、教育近代化及外交近代化都起了一定的推动作用，开启了中国的近代化进程。②整体史观：反映了新型的资本主义生产方式和思想观念对相对落后国家与地区的冲击，是西方工业文明向全球扩展的表现。③革命史观：洋务派出于地主阶级本能，强调“中体西用”，目的在于维护封建制度和纲常礼教。④文明史观：反映了封建传统文明与西方文明的冲突，以及当时中国人对西方文明既欣赏又排斥的矛盾心态，但毕竟承认了中学之不足、西学之所长，客观上使中国人的价值观由“传统人”开始向“现代人”转变。⑤社会史观：在洋务运动的推动下，一些人在作息方式、衣着服饰、饮食习惯等方面表现出个性化、大众化和西洋化的特征。

（4）运用不同的史观，对伟人孙中山会有不同的评价。

①革命史观：“他是民主革命的先行者”。②现代化史观：“他是中国现代化的光辉先驱”。③社会史观：“他是移风易俗的倡导者”。④整体史观：“他是有世界影响的政治家和革命家”。

【考题举例】

【示例1】（2013年四川文综，14）课程变化与时代发展紧密相关。阅读材料，回答问题。

材料三 20世纪七八十年代，我国高中历史教材对工业革命的影响表述为三个方面：促使社会生产力迅速提高，巩固了资本主义各国的统治基础；使整个社会日益分裂为两大对立阶级——资产阶级和无产阶级；西方资本主义国家展开疯狂的殖民掠夺，使东方从属于西方。现行高中历史教材大多表述为：工业革命极大地提高了生产力，促进了相关国家从农业社会向工业社会的转变，并推动其进行民主化改革和法制化建设。工业革命促进了城市化进程和科学教育的发展，促进了科学共产主义的产生。工业革命使工业资产阶级和工业无产阶级成为社会的两大阶级。工业革命推进了资本主义殖民体系的形成，密切了国际交流，促进了先进生产技术和生产方式的传播，扩大了工业文明对世界的影响。

（3）根据材料三，指出两个时期高中历史教材关于工业革命影响的表述体现了何种不同的历史观？说明现行高中教材对工业革命影响的表述反映了哪些方面的时代要求？

解析：第（3）题的第一小问通过材料三中的信息“20世纪七八十年代……巩固……资本主义……统治”“两大对立阶级”“殖民掠夺”可知这应为革命史观；通过材料三中的信息“从农业社会向工业社会的转变”可知这应为文明史观，“推动……民主化改革和法制化建设”可知这应为现代化史观，“密切了国际交流”可知这应为整体史观。第二小问可根据第一小问的答案结合所学知识作答。

【参考答案】

史观：前者主要是阶级斗争史观。后者主要是文明史观、整体史观、现代化史观（任答其一即可）。方面：我国经济高速发展，城市化进程不断加快；社会主义民主和法制建设不断完善；“科教兴国”战略的深入贯彻；全球化进程加快，我国加入世界贸易组织，国际交流与国际合作进一步加强。

【示例2】（2013年广东文综，39）历史认识是人们对历史事物的描述、看法和评价。阅读材料，回答问题。

材料二　20世纪70年代，洋务运动被全面否定，曾经提出洋务运动具有一定积极意义的学者被扣上“崇洋媚外”的帽子，受到批判。80年代出现了一股研究洋务运动的热潮，尽管在一些问题上争论较大，但洋务派引进西方技术符合时代潮流、有利于中国近代化的观点为越来越多的人所接收。

（3）根据材料二和所学知识，从时代背景分析20世纪七八十年代对洋务运动评价发生变化的原因。

（4）通过以上问题的回答，你认为历史认识受到哪些因素的影响？

解析：20世纪70年代盛行阶级斗争史观，认为洋务派出于地主阶级本能，强调“中体西用”，目的在于维护封建制度和纲常礼教。80年代，随着社会的变革，人们的思想认识也摆脱了单一僵化的模式，开始从近代化角度评价洋务运动，认为洋务派创办近代企业、组建近代海军、发展近代教育等，对中国的工业近代化、国防和军队近代化、教育近代化和外交近代化都起了一定的推动作用，开启了中国的近代化进程。

【参考答案】

（3）“文化大革命”时期，以阶级斗争为纲；十一届三中全会后，“双百”方针恢复；实行改革开放，以经济建设为中心。

（4）认识者的立场、思想观念、所处时代环境等。

本章自主学习检测

1. 奴隶贸易对英国和世界经济发展都产生了十分重要的影响。阅读材料并结合所学知识，回答问题。

史实

1501年，第一批非洲奴隶运抵西印度群岛。

1562—1563年，英国人约翰·霍金斯第一次贩奴至美洲。

1631年，英国在西非建立了第一个贩奴堡垒，英国政府贩奴活动正式开始。

1670—1776年，英国贩卖到美洲大陆的奴隶总数超过其他国家贩奴数量的总和。

1807年，英国议会通过了《废除奴隶贸易法案》。

1833年，英帝国废除了奴隶制。

——摘编自杨瑛《英国奴隶贸易的兴衰》

史论

就欧洲的工业化历史而言，"世界视野"对于欧洲的意义远不如"欧洲视野"对于世界的意义大。对于核心地区的经济增长来说，亚洲、非洲和南美洲等边缘地区的作用微不足道。

（1）指出英国在世界奴隶贸易中逐渐占据主导地位的国际、国内因素。

（2）说明奴隶贸易对世界经济发展产生的影响。

（3）分析指出英国废除奴隶贸易的经济原因。

（4）对帕特里克·奥布莱恩的观点加以评述。

2.（2014年江苏卷，23）在英国现代化的过程中，以圈地运动为发端的农业变革与工业革命存在着密切的联系。阅读下列材料，回答问题。

材料一　开阔的、公有的土地和公有草地分布得如此零散和混杂，以致不能方便地和有效地加以利用；再者，这些土地……采取圈围就能获得很大的改良。同时，如将上述（土地）……加以分开、圈围，并在有关人员中按其各自的产业，对公有地的权利和其他利益进行分配，那就会对上述有关人员均有好处。但是这一点如无议会的帮助和授权就不可能做到。

——摘编自辜燮高《一六八九至一八一五年的英国》

材料二　地主们土地上的矿产和农产品需要运到城市和工业区去，他们所需要的农业设备和工业品也需要运进来，因此对修建公路、运河和铁路表现出了很大的兴趣。……18世纪，英国的圈地运动促进了乡村银行的发展，地主和农民手中的游资通过银行的渠道集中起来，为蓬勃发展的棉纺织业和金属加工业提供了资本。

——摘编自王章辉《工业化历程》

材料三　正是由于一系列纺织机器的发明，使用旧式纺车和织机的手工业者遭到了排挤，他们破产之后，便成为雇佣工人。……产生了一批租用五十英亩、一百英亩、二百英亩或者更多的土地的大佃农，他们建立起大农场……（那些小自耕农）或者流入城市出卖劳动力，或者成为农场主的雇工……随着冶铁工业和机器制造业的发展，农业机械日益增多。

——摘编自许永璋《世界近代工业革命》

（1）根据材料一，归纳“圈地者”圈地的理由，并指出影响圈地运动扩大的关键因素。

（2）根据材料二，并结合所学知识，分析圈地运动对工业革命的影响。

（3）根据材料三，概括工业革命推动英国农业变革的具体表现。

（4）综观英国现代化的基本过程，工业革命与农业变革之间的关系纵横交错。综合上述材料，从纵横两方面说明它们的关系。

3.（2011年浙江文综，38）政治文明的演进经历了漫长而艰难的过程。阅读材料，回答问题。

材料一　（中国政制）达臻“文明”一途，实应归功于西周的创制。……西周政治里显然有深厚的贵族色彩，而“共主”名义下的地方分权体制……与秦以后一统的君主“独制”格局泾渭分明，因此古贤多称周秦之间为“天下一大变局”。

——摘编自王家范《中国历史通论》

材料二　寓封建（分封）之意于郡县之中，而天下治矣。……封建之失，其专在下；郡县之失，其专在上。……今之君人者，尽四海之内为我郡县犹不足也，人人而疑之，事事而制之。……有司之官……无肯为其民兴一日之利者，民乌得而不穷，国乌得而不羁？

——摘编自顾炎武《顾亭林诗文集》

材料三　……直至近百年来，才发生新的变化。……皇帝和贵族的专制政权是被推翻了，代之而起的先是地主阶级的军阀官僚的统治，接着是地主阶级和大资产阶级联盟的专政……伟大的近代和现代的中国革命，是在这些基本矛盾的基础之上发生和发展起来的。

——摘编自毛泽东《中国革命与中国共产党》

（1）根据材料一并结合所学知识，指出西周和秦朝的主要政治制度。分析说明周秦政治制度的主要差别。

（2）结合所学知识，说明材料二中“其专在下”“其专在上”各指什么。材料中顾炎武提出了怎样的思想主张？并予以简要评价。

（3）材料三中“新的变化”指什么？结合所学知识，概括指出近代以来中国社会政治变革的历史趋势。

4.（2013年安徽文综，37）阅读材料，完成下列各题

材料一　后（武则天）欲以武三思为太子……二人（狄仁杰与王方庆）同辞对曰：“……姑侄与母子孰亲？陛下立庐陵王（武则天儿子李显），则千秋万岁后常享宗庙；三思立，庙不祔（新死者附祭于先祖）姑。”后感悟，即日遣徐彦伯迎庐陵王于房州。王至，后匿王帐宁，召见仁杰语庐陵事。仁杰敷请切至，涕下不能止。后乃使王出，曰：“还尔太子！”

——摘编自《新唐书·狄仁杰转》

材料二　中国的县志中有丰富的女性资料，它们清楚地表明，妇女的贞节是当地荣誉的象征……对风俗的描述，列女志的前言，甚至许多地方志的编纂体例都清楚地显示，女性贞节是向外部世界描绘地方道德标准的总共和价值观的组成部分。来自长江下游的一些例子很有说服力，七中有如下描写：“欲称闺门卸鲁（指文教兴盛之地）盖西川清淑之气所独钟，抑亦程朱之教泽。”

——摘编自邓小南《中国妇女史读本》

材料三　中国妇女解放的要求，不但是精神上的，而且是身体上的。……我以为按照中国妇女地位，再决定“男女平等”这个问题之前，更要紧的问题，是决定女子也是个“人”我们中国的诗礼人家，有客来访时，若男主人不在家，女主人必定隔着门帘回答说：“我家里没有人”。这就是中国的妇女不自算是个“人”的铁证。所以总过妇女，第一必须取得法律家所谓“自然人”的资格，然后才能够说道别的问题，才能够说到和别人同等权利。

——摘编自陈独秀《我的妇女解放观》（1921年3月8日）

（3）根据材料，结合所学知识，列举清末民初有关妇女解放的主要史实，并对上述三则材料所反映的妇女地位分别进行辩证解读。

5.（2011年北京文综，40）人类与环境的协调发展日益受到全世界的关注，1974年联合国将每年的6月5日定为世界环境日。20世纪90年代以来，世界环境日的主题日益突出全球理念，倡导全球合作。

（1）分析90年代以来推动全球合作解决环境问题的历史条件。

6.（2013年浙江文综，39）1750—1850年是西方文明突飞猛进的重要阶段。阅读材料，回答问题。

材料一　1775年北美爆发独立战争，1789年法国爆发大革命，西方民主政治开始在欧美大国确立。法国学者托克维尔进行研究，先后写成《论美国的民主》和《旧制度与大革命》，提出了许多发人深省的见解。

材料二　商品的低廉价格，是它（资产阶级）用来摧毁一切万里长城、征服野蛮人最顽强的仇外心理的重炮……它创立了巨大的城市……资产阶级在它的不到一百年的阶级统治中所创造的生产力，比过去一切时代创造的全部生产力还要多，还要大……随着资产阶级即资本的发展，无产阶级即工人阶级也在同一程度上得到发展……基督教思想在18世纪被启蒙思想击败……

——摘编自马克思、恩格斯《共产党宣言》

（2）近年来，一些学者注重从经济、政治、文化、社会、生态“五位一体”的角度研究历史。参考材料一、二，并结合所学知识，用“五位一体”的思路概括这一阶段西方历史发展的特征。

附录

参考答案

第一章

1. 解析：根据材料“1915—1918年，《新青年》中‘革命’‘科学’‘平等’‘民主’等词出现频次大体相当；1919—1922年，‘民主’出现次数不到‘科学’的1/10，不及‘革命’的1/20”，结合所学可知，新文化运动前期的主流思想是民主和科学，而后期开始传播马克思主义，因而“革命”一词较多，故选A项；国民革命运动是在1924—1927年，与材料时间不符，排除B项；材料“‘民主’出现次数不到‘科学’的1/10”说明认同资产阶级民主政体虽然减少但不是全盘否定，排除C项；材料涉及的是新文化运动前后期主流思想的变化，与中国社会主要矛盾无关，排除D项。答案：A

2. 解析：根据材料“拉美国家并没有像近邻美国那样独立后进入现代化的快车道，而是发展停滞，究其原因，殖民统治难辞其咎”并结合所学分析拉丁美洲是西班牙和葡萄牙的殖民地，当时西班牙和葡萄牙是中央集权的封建国家，其落后的生产方式传播到拉丁美洲，成了拉丁美洲发展滞后的历史包袱，而北美地区被英国殖民统治，英国工场手工业发达，推动了北美的快速发展，故选D项；北美的印第安人也受到奴役，排除A项；材料“推翻了殖民统治，但拉美国家并没有像近邻美国那样独立后进入现代化的快车道”说明殖民统治不是原因，排除B项；北美也有非洲和欧洲移民，排除C项。答案：D

3. 解析：根据所学，第一次世界大战期间，战争的残酷给人们带来了巨大的精神危机，从而出现侧重于表现个人主义和虚无主义的现代主义美术，材料中“达达派”

就是现代主义美术的分支，它们通过反美学的作品表达了幻灭反叛的内心感受，故选D项；抒发了浪漫情怀是浪漫主义，排除A项；遵循了写实原则是现实主义美术的特点，排除B项；突出了理性思维是新古典主义美术的特点，排除C项。答案：D

4. 解析：由材料“西汉初期，道家学说兼采阴阳、儒、墨、名、法各家学说的精髓；后来董仲舒的儒家学说也吸收阴阳五行、法、道等各种思想”可知道家和董仲舒的儒家学说都兼采众家之长以适应现实统治的需要，故选C项；汉景帝平定七国之乱，汉武帝颁布推恩令，削弱了诸侯国的势力，排除A项；秦统一六国后“焚书坑儒”，奉行法家学说，打破了百家争鸣的局面，排除B项；文化政策是国家对于文化艺术等领域的制度性规定，汉武帝时期实行“罢黜百家，独尊儒术”的文化政策，排除D项。答案：C

5. 解析：由材料“明代大商人的资本一般为白银数十万两，多者上百万两。到清代中期，大商人的资本一般在一百万两以上，甚至多达千万两”可知明清时期商业规模的扩大促使资本的集中，故选C项；古代商人地位受到重农抑商政策的影响地位较低，且“根本性改变”表述过于绝对化，排除A项；封建社会统治者一直固守重农抑商的政策，且“明显松弛”表述过于绝对化，排除B项；明朝后期，由于商品经济的发展，白银成为普遍流通的货币，排除D项。答案：C

6. 解析：由材料“1948年10月底”“尽快使干部熟悉政治、经济、文化各方面的管理和技术”可知在敌我力量发生重大变化、战略决战之际，通过人才培养做好工作重心转移、统治全国的准备，故选B项；土地改革关注的是农民，而材料强调的是干部群体，排除A项；1948年正值解放战争时期，重视科技推动工业化建设是新中国成立后的举措，排除C项；1948年的国共阶级矛盾为社会的主要矛盾，提高执政能力发展社会主义生产是新中国成立后的目的，排除D项。答案：B

7. 解析：“1953年创作的年画”内容体现了积极参与国家建设的内容，与当时国民经济恢复基本完全，进行三大改造的自信和热情，故选D项；“年画”是风俗画，不属于文人画，排除A项；1953年社会主义尚未完全建立，1956年三大改造完成后才确立社会主义制度，排除B项；“双百”方针提出于1956年，与题干时间不符，排除C项。答案：D

8. 解析：根据材料“明朝……作为皇帝祭祀农神和参与耕作的礼仪场所……直至清末，各代皇帝奉礼如常”说明清朝重视农业，承袭了农耕文明的传统，故选B项；材料主要说明农业祭祀礼仪的继承不是所有制度继承，排除A项；材料“各代皇帝奉礼如常”只是说明重视农业，不能说明满洲贵族成为农耕者，排除C项；材料体现出重农不是笼络反清政治势力，排除D项。答案：B

9. 解析：根据所学，1988年海南设立经济特区，海南设立经济特区有利于吸引人才的集中，由材料“1988年，来自全国各地的人才涌向海南”可知中国加快对外开放步伐，故选C项；自由贸易区在海南落地是在2018年，排除A项；1988年海南刚刚成为经济特区，经济还不发达，排除B项；材料主要论述海南不是国企，排除D项。答案：C

10. 解析：从“传统上人们对贫穷抱有道德中立的认知”到“人们越来越怀疑贫穷是短视和懒惰的结果”表明人们价值观念的改变，这个改变主要受到商品经济发展的影响，故B项正确；中国的新兴资产阶级出现于19世纪六七十年代，与题干时间不符，故A项错误；材料主要反映了人们对待贫穷态度的变化，没有反映社会贫富分化和道德沦丧的问题，故C项错误；反正统思想在明朝晚期已经产生，但没有成为当时社会的主流思想，当时社会的主流思想是宋明理学，故D项错误。答案：B

11.（1）①原因：宋代商业、商品经济发展，城市经济繁荣，市民阶层扩大。②影响：促进了风俗画、宋词、书法、话本等文学艺术的发展。

（2）①日本经过明治维新，发展为亚洲乃至世界强国，并在1905年打败俄国。②中国当时处于民族危亡时期，很多人认为学习日本可迅速救亡图存。③中日同为亚洲国家，日本对中国更具有榜样作用。④留学日本，在学习费用、生活习惯等方面，对中国留学生更有吸引力。

（3）①五四运动：五四运动前，民族资本主义迅速发展，工人阶级力量壮大；马克思主义在中国的传播。②五十年代：新中国成立，中国共产党执政，工人阶级成为国家的领导阶级；社会主义工业化的进行，工人阶级的经济作用增强；对资本主义工商业的改造完成，工人阶级成为工厂的主人。

（4）①家庭联产承包责任制施行后，农村生产力提高，产生了大量富余劳动力；②中国经济迅速发展，城市化、工业化加速，城市和工厂需要大量的劳动力；③旧有的户籍制度，使“农民工”具有“农民”和“工人”的双重身份。

11.（1）判断：工业革命成就了自由贸易。理由：工业革命使英国的生产能力得到极大的提升，需要更广阔的海外其他国家的市场相适应。因此，英国成为世界工厂之后，促使其进入自由贸易时代。

12. 解析：首先拟定论题，材料反映了古希腊和古代中国春秋战国、宋代和明清时期的政治、经济、文化与社会生活状况，决定中西方社会发展的根源在于经济基础，可从中西比较和中国不同时期的发展两个角度拟定题目，如东西方不同的经济基础决定了古代东西方社会不同的走向、经济发展推动社会变革等，注意拟题的范围是古代史。其次进行阐述，结合所学知识，从经济基础的角度进行阐述，如以经济发展推动社会变革，可选择春秋战国和明清时期，阐述经济发展对社会变革的推动作用。最后进行总结，升华论题。

答案示例：

论题：经济发展推动社会变革。

阐述：春秋战国时期，铁农具和牛耕的使用，经济发展，小农经济逐渐形成，促使井田制、分封制、宗法制瓦解，中央集权逐渐建立，出现百家争鸣，社会出现剧烈变化。明清时期，随着商品经济的发展和资本主义萌芽的产生，思想界出现了活跃的局面，黄宗羲、顾炎武、王夫之等人的思想，使儒学正统受到挑战。君主专制制度渐趋衰落，推动传统社会向近代社会转型。总之，随着生产力的发展，社会政治、文化等也随之发生变化。

第二章

1. 解析：根据材料“1940年”“增加了对拉丁美洲的广播时间”等信息可知，美国在第二次世界大战期间加强对拉丁美洲的文化宣传，促进了美国人民和拉美人民的相互理解，巩固了美国在拉丁美洲的领导地位，促进了美国文化外交手段中文化宣传政策和文化交流政策的结合，D项正确；材料所述措施的主要目的是确保在拉美的领导地位，而不是为加强与拉美的文化联系，A项错误；美国政府致力于通过文化手段展开外交，展示国家的文化软实力不是材料所述美国措施的主要目的，也不是题干主旨，B项错误；1940年美国尚未参战，C项错误。答案：D

2. 解析：材料体现了政府对经济的有限干预，故A项正确；B、C、D三项都发生在罗斯福新政时期，排除。答案：A

3. 解析：面对西方石油危机，苏联加大对西欧的石油出口，获取了高额的利润，正是这些巨额利润支撑了苏联与美国军备竞赛，使苏联获得了冷战优势，故选A项；增加了苏联的人均收入不是材料要表达的主要意思，排除B项；苏联加大对西欧的石油出口，促进苏联石油工业的发展，石油属于重工业，更加重了苏联工业结构失调问题，排除C项；“解决了”的说法过于绝对，应该是缓解了西方的石油危机，排除D项。答案：A

4. 答案：（1）1832年议会改革前（17—18世纪）：大资产阶级和新贵族控制的议会不断提高窗户税；1832年议会改革后（19世纪）：工业资产阶级在议会中的作用增强，窗户税备受质疑，并最终在1851年被取消。

（2）19世纪的英国，工业革命不断推进，工业文明下人们对健康的认识不断加深，对健康生活的追求日益提升；英国虽然废除了窗户税，但工业革命所带来的环境污染依然对人们的健康构成严重威胁；实现人们的健康生活成为工业革命要解决的社会问题之一，也成为工业革命的时尚。

5. 解析：本题属于历史学术的研究问题，主要考查依据不同的标准如何来划分中国近代史与现代史，题目难度不大。关键是抓住以什么为分界线，然后再具体问题具体分析。（1）问以五四运动为界，重点是从革命性质上来划分，即新旧民主主义革命。（2）问以新中国成立为界，重点是从社会性质上划分，即半殖民地半封建社会向社会主义社会转变。（3）问以辛亥革命为界，重点是注意政体的变化即从专制到共和的转变。

答案：（1）差别：近代是旧民主主义革命，现代是新民主主义革命。

意义：是一次彻底地不妥协地反帝反封建的革命运动；中国工人阶级登上政治舞台；促进了马克思主义与工人运动的结合；是中国新民主主义革命的开端。（答出3点即可，其他表述，言之成理）

（2）差别：近代是半殖民地半封建社会，现代是社会主义社会。意义：新中国的建立，开辟了中国历史的新纪元，标志着反帝反封建的民主革命任务的完成，为现代化开辟了广阔的道路。①政治：成为一个独立自主的国家，进入了人民民主的新时代，建立了中国特色的民主政治制度；②经济：建立了新的经济制度，为新民主主义过渡到社会主义，实现国家繁荣和人民共同富裕创造了必要的前提；③思想文化：确立马克思主义毛泽东思想为指导思想，为社会主义文化的全面繁荣提供了必要条件。

（3）台湾学者的立场——中华民国，或者台湾学者着眼于政治体制的改变；辛亥革命的意义：推翻了清王朝，结束了中国两千多年的封建君主专制制度；建立了资产阶级民主共和国。

第三章

1. 解析：史料能否真实地反映历史事实，与多种因素有关，如史料的作者对历史事实所持的立场，《旧唐书》《资治通鉴》皆属于官修史书，更多站在统治阶级的立场思考问题，为君主提供政治借鉴之用，故选D项；刘禹锡的《马嵬行》是文学作品，受作者主观因素的影响，不一定完全真实可信，但也能传达历史真相、保留历史信息，可以作为历史研究的材料，排除A项；宋代司马光《资治通鉴》有较多细节描写，但“还原了”说法过于绝对，并且违背了孤证不立的原则，排除B项；一般来说，时代越近越能接近历史的真相，可信度越高，但也不能绝对化，《资治通鉴》和《旧唐书》皆成书于唐代以后，且时间都比较久远，很难衡量二者的可信度高低，排除C项。答案：D

2. 解析：从表格内容可以看出，对于马可·波罗是否到过中国存在争议，所以要判断《马可·波罗游记》的真实性，应该从总体上看是否提供了得到印证的资料，故选B项；我们要说明《马可·波罗游记》之所以会“漏写”一些关于中国的事物，要考虑这些事物当时发展到何种程度，是否外来者进入到当时的中国，就如同现在旅游信息传递给大家的一样重要，并且马可·波罗的临终遗言是“我所说出来的还不到我见到的一半”，这也可以合理地解释“漏写”是究竟为何，排除A项；“以论带史”明显有过多的主观色彩，应为“以史带论”，排除C项；学术观点必须有资料确证，“自圆其说”说法错误，排除D项。答案：B

3. 解析：由材料可知，不同时期德国史学家对责任划分有着不同结论，但是并没有分析出第一次世界大战爆发的根源，故D项正确；材料信息并没有还原第一次世界大战的爆发真相，排除A项；B项夸大了德国的战争责任，排除；C项说法太绝对，排除。答案：D

4. 看法一：刘胜的金缕玉衣不能作为诸侯王挑战皇权的证据。

说明：刘胜是西汉时期的诸侯王，《史记》等记载西汉历史的文献史料无玉衣分级的记载。根据材料二记载，西汉皇帝与诸侯的玉衣没有分级，而记载东汉历史的《后汉书》中有玉衣分级制度的明确记载，说明玉衣分级制度在东汉时才出现。根据考古发现，在汉武帝前后，诸侯王墓葬均有金缕玉衣出土，由此可以推断，金缕玉衣与诸侯权力大小没有直接关系。

看法二：刘胜的金缕玉衣可以作为诸侯王挑战皇权的证据。

说明：《史记》等西汉史书没有玉衣分级制度的记载，但不能说明其他的史书里没有相关记载。汉武帝颁布“推恩令”之后，诸侯王的实力逐渐下降，与考古资料所显现的汉武帝后诸侯王使用金缕玉衣的数量不断下降相吻合。

5.（1）事实：周幽王宠溺褒姒；西周末年，王室衰微，宗法分封制受到冲击；西周灭亡与少数民族进攻有密切关系（或西周亡于犬戎）；西周亡于幽王时期，平王东迁洛邑，开创东周。结论：“烽火戏诸侯”的故事在距当时最近的史料中未见记载，战国晚期始有“击鼓戏诸侯”之说，汉代才出现“烽火戏诸侯”的故事，由此可见“烽火戏诸侯”的故事未必真实。

（2）《史记》等历史典籍的记载与传播；轻视女子的儒家伦理观念的影响；对后世人尤其是历代统治者具有一定的启迪、警示意义。

6.（1）是。理由：能结合工业化背景，说明工业部门在经济中的重要地位。

（2）不矛盾。从材料甲主要反映了传统工业、乙反映了新兴工业的角度做答；从材料甲反映英国自身经济发展状况，乙、丙反映英国在世界经济中的地位角度做答（若回答“矛盾”，言之有理有据，可酌情给分）。

（3）能认识到材料是个案，只能从一个层面或视角反映客观历史的角度做答。

7.（1）特征：以家庭为单位，耕织结合，自给自足。

不同：材料一，自然经济（传统的小农经济）解体；材料二，河北元氏县仍以自然经济（传统的小农经济）为主。

（2）局限：材料一有夸大之处；材料二只反映局部。特点：地区发展不平衡。

（3）不同：电影描述法国小镇在美国财政援助下生活逐渐好转，创作者认为马歇尔计划有利于欧洲经济的恢复；漫画中欧洲人被“绑”在美国的战车上，追逐美国的财政贷款，创作者认为马歇尔计划是美国控制欧洲的工具。国际格局：两极对峙。

第四章

1. 解析：美苏“冷战”是国家利益的争夺，故A项错误，B项正确；题干强调的是美苏“冷战”过程中存在“利害关系的大小”，与“冷战”的不均衡性无关，故C项错误；通过题干可知美苏“冷战”的实质是争夺国家利益，D项与材料主旨无关，排除。答案：B

2. 解析：由材料“美苏冷战孕育于十月革命至第二次世界大战的美苏关系之中”“冷战是多国参与的国际性政治斗争”“冷战是美苏两国双向互动的结果”可知冷战的爆发是多种因素的共同结果，故选B项；1947年“杜鲁门主义”的出台是冷战开始的标志，排除A项；材料强调冷战的原因而非表现和影响，排除C、D两项。答案：B

3. 解析：（2）小问重在考查学生的综合归纳分析能力。注意回答的角度，强调“时代”“史家”与“历史认识的修正”。根据三则材料，明确“历史认识的修正”，要注意“时代”与“史家”。同时，“时代”制约“史家”的认识，也影响我们的“历史认识”，进而明确这三者之间是相互影响、相互促进的，然后紧扣“康有为研究”，展开具体回答，注意题干的具体要求。

答案：（2）随着时代的变迁、史家认识的变化，史家会修正自己对历史的认识，因而我们对历史的认识是在不断修正中完善的。萧公权对康有为研究认识的改变就说明了这一点。史实论证：萧公权对康有为的研究初期，一方面，由于受时代条件的限制，即客观条件的限制，如受材料的多寡和真伪的影响；另一方面，由于受史家本人的限制，即主观方面的限制，如对史料理解的程度、错误史观的影响以及在史学研究和治学态度上不够深入严谨，因而存在认识的偏差，认为康有为维新变法“假民权”“假维新”。随着时代的发展，大批有关康有为的原始材料出现，萧公权在比较全面而深入的研究剖析后，摆脱了错误史观的影响，修正了认识：康有为实为“渐进之真民主”“制度与思想之一体维新”。因此，历史学家对历史的认识是在当时的时代条件下完成的，时代发展到什么程度，认识便达到什么程度，因而也难免出现问题，史家要知错能改，要勇于及时修正历史认识。由此可见，“时代、史家与历史认识的修正”三者之间是相互影响、相互促进的。

4. 从司马迁到司马光：社会背景方面，君主专制中央集权体制进一步加强，统治者对史学编纂的控制不断强化；治史目的方面，从探索天道和人事的关系转向为帝王提供历史经验。取材和体裁方面，从百科全书式的人物纪传转向以政治军事为主的、以朝代兴亡为主线的历史编年，治史立场日益转向统治者。

从司马光到梁启超：社会背景方面，20世纪初中国社会变革转型。历史学亦由传统史学向现代史学转变；治史目的方面，从为帝王提供历史经验转向为一般民众提供借鉴；取材更强调多样化，强调历史进化观，以全体国民为读者对象。

5.（1）不同之处：《春秋》为编年体；《史记》为纪传体。《春秋》记录了春秋时期两百余年的历史；《史记》记载了从上古到汉武帝时期的历史。《春秋》主要关注诸侯等社会上层的政治、军事活动；《史记》还关注了商业活动、水利工程、思想文化等方面的内容，以及学者、商人、少数民族等群体的历史。

简述社会状况（答案要点示例）：

高祖本纪：记载西汉开国皇帝刘邦的生平。西汉建国初，刘邦在经济上推行休养生息政策，有利于经济恢复；在政治上推行郡国并行制，以维护其统治。

儒林列传：记载重要儒家学者的事迹。汉武帝“罢黜百家，独尊儒术”，使儒学成为国家正统思想。

大宛列传：记载汉朝通西域的历史。丝绸之路的开通，促进了中外经济文化交流和贸易发展。

（2）特点：历史研究科学化（历史学成为科学）；关注民族历史研究；关注工人运动史，唯物史观诞生。

分析：17世纪末，牛顿经典力学体系建立，人类走向科学时代。18世纪的启蒙运动弘扬科学与理性。19世纪，推崇科学成为欧洲的潮流，推动史学研究走向科学化和专业化。法国大革命对19世纪的欧洲政治、思想产生了重大影响，拿破仑战争激发了欧洲各国的民族主义精神。各国历史学家研究本民族的历史，强调民族和国家的独立。工业革命导致资产阶级和无产阶级的对立，工人运动兴起。史学家开始重视对社会下层的研究，马克思、恩格斯提出了唯物史观。

（3）作用：

①学习历史便于我们“以史为鉴”，提升我们的辩证思维能力。从对于历史的横向和纵向来看，评价历史事件、人物等，都需要我们站在特定的历史背景条件下尊重

历史、实事求是。如评价辛亥革命，我们既要看到辛亥革命对于中国历史的推进，推翻了两千多年的君主专制制度和封建制度，使得民主共和观念深入人心，又要看到由于资产阶级力量不够强大，革命具有妥协性，革命果实被袁世凯窃取，未完成反帝反封建的任务，未改变中国的社会现状。

②学习历史对于我们的爱国精神和家国情怀的培养是很有价值的。中国的近代史是一段多灾多难的屈辱史，被列强蚕食了中国大部分权益，在生死攸关的时刻，很多爱国人士开始了探索救国道路的尝试，从最先的地主阶线自救的洋务运动，到近代资产阶级的辛亥革命，到1919年的五四运动、1937年的抗日战争，中国人用血和肉，筑起了一道反抗日本侵略者的脊梁，为中华民族留下了宝贵的精神财富，也使我们明白团结和坚强的力量。

综上所述，学习历史能够为我们的工作、学习培养能力和提供方法，助力我们养成正确的价值观和人生观，提供具体的方法论指导。

6.（1）材料一属于实物史料（或一手史料），能直接印证秦国统一度量衡的改革举措；材料二属于文献史料（或一手史料），能直接反映商鞅经济改革的指导思想；材料三属于文献史料（或二手史料），对于评价商鞅经济改革具有参考价值。

（2）从商鞅经济改革推动秦国及其以后中国历史发展的角度作答。例如，商鞅的经济改革增强了秦国的实力，为秦统一六国奠定物质基础；确立了土地私有制，推动了中国社会的转型。从商鞅经济改革产生了某些负面影响的角度作答。例如，商鞅的经济改革导致赋役沉重，加重了人民负担；重农抑商政策为历代统治者所继承，不利于商品经济的发展。

7. 态度：乡族势力反对、阻挠外民采煤；官府支持乡族势力，禁止采煤。

解释：材料表明，安徽黟县地方乡绅以破坏风水、影响当地习俗为理由，反对采煤；官府认为采煤影响贫民生计，加以严禁。这种态度实质上是重农抑商，固守小农经济秩序的体现，也反映出官府与乡族势力在地方治理中紧密相连的关系。黟县官府与乡族势力的态度和做法，虽某种程度上维护了当地农业经济的稳定，加强了对乡村社会的控制，但客观上阻滞了当地私营采煤业的发展。这也是当时较为普遍的社会现象，与时代发展的趋势相违背。

第五章

1. 解析：西周通过分封制，加强了周天子对地方的统治，推动了多元文化的融合，与材料中“割天下之半而归之姬氏之子孙，则渐有合一之势”相符，故A项正确；秦朝确立中央集权制，与材料中“周代分封”不符，故B项错误；随着诸侯国势力的日益壮大，到西周后期，王权衰弱，分封制遭到破坏，春秋战国诸侯战争不断，与材料中“后世郡县一王”不符，故C项错误；分封制和郡县制差异巨大，故D项错误。答案：A。

2. 解析：根据材料“齐鲁名邦”“孔孟之圣迹”“文明吐露之源泉”，强调青岛、山东与中国的历史渊源，是中国领土不可分割的部分，故A项正确；材料不能反映民主思想进一步扩散，故B项错误；根据材料“1919年”结合所学知识，中国正处于新文化运动时期，反对传统的儒家文化，故C项错误；根据材料“1919年5月7日”，文章写于巴黎和会上外交失败、五四运动兴起的历史背景之下，故D项错误。答案：A。

3. 解析：由材料中中国共产党政权称号的变化可知最初称“苏维埃”有照搬俄国经验的特点，后来去掉“苏维埃”一词，说明中国共产党在革命实践过程中将马克思主义与中国实际相结合，体现出马克思主义中国化，故A项正确；材料仅体现中国共产党政权称号的变化，不能体现中国共产党根据地的范围不断扩大，故B项错误；材料仅体现中国共产党政权称号的变化，不能体现共和国观念对人民的影响，故C项错误；材料中中国共产党政权称号的变化是中国共产党将马克思主义与中国实际相结合的结果，与日本侵略无关，故D项错误。答案：A。

4. 解析：（1）14世纪中叶到19世纪的中国“政治清明、社会稳定”，结合时代背景，可知此时段属于明清时期。从经济的角度看，政府实行重农抑商政策，推行海禁政策，经济模式是自给自足的小农经济，人们都安土重迁；从政治的角度看，君主专制不断加强并达到顶峰。（2）第一小问主张及影响，结合所学知识得出黄宗羲的主张有批判君主专制、提倡君臣平等，影响是为中国近代反专制主义思想家提供了有力的思想武器；第二小问原则，结合所学知识得出光荣革命后，英国议会通过《权利法案》确立了议会权力高于王权，司法权独立于王权的原则。

答案：（1）经济基础：自给自足的自然经济模式，重农抑商政策、海禁政策的推行。政治保障：中央集权强化，君主专制（或专制主义中央集权）达到顶峰。

（2）主张及影响：建立“天下之法”，主张君臣平等以限制君权，为中国近代反专制主义思想家提供了有力的思想武器。原则：议会权力高于王权，司法权独立于王权。

第六章

1.（1）国际条件：西班牙、葡萄牙等老牌殖民国家衰落，英国在海外殖民争夺中逐渐取得优势地位。国内条件：英国资本主义制度确立和经济迅速发展。

（2）影响：为欧洲资本主义发展提供了资本原始积累，加剧了世界经济发展的不平衡性；客观上推动了世界各地区间的经济联系和交流，资本主义世界市场进一步扩大。

（3）原因：随着工业革命的进行，英国需要更广阔的商品销售市场和原料产地，商品输出成为英国对外侵略的主要目的和手段。

（4）帕特里克·奥布莱恩站在欧洲的立场上，过分强调欧洲在世界历史发展中的中心地位，无视亚非拉等地区对世界发展作出的贡献，其观点具有片面性。

近代欧洲制度的创新、经济发展和思想进步对世界历史发展具有重要影响，但奴隶贸易等史实表明，欧洲的“中心”地位及其对世界的贡献，在很大程度上是建立在对世界其他国家和地区的剥削与血腥掠夺基础之上的。

自新航路开辟以来，世界逐渐成为一个不可分割的整体。各地区、各民族在政治、经济、文化等领域的联系和交流不断加强，共同促进了人类文明的发展与进步。

2.（1）理由：圈地有利于有效利用土地；进行土地改良；土地权益的再分配。因素：议会立法。

（2）作用：为工业革命提供了原料、资本、市场、劳动力等条件。

（3）表现：促使英国农村封建生产关系的进一步瓦解；有利于资本主义大农场的发展；推动农业机械化。

（4）关系：横向关系，工业革命与农业变革彼此促进。纵向关系，在不同时期，彼此关系的体现方式不同，但贯穿现代化基本进程。

3.（1）西周：分封制、宗法制。秦朝：专制主义中央集权制。西周以血缘关系为纽带形成国家政治机构，最高执政集团尚未实现权力的高度集中；秦形成了中央垂直管理地方的制度，君主集权的官僚取代贵族政治。

（2）地方权势过大；君主专制。提出“寓封建之意于郡县之中”的分权思想。批判君主专制，揭露官僚腐败，具有进步性，但还不具有近代的“民权”意识。

（3）鸦片战争后，中国逐步沦为半殖民地半封建社会，进入民主革命时期。清政府、北洋政府、南京国民政府。从专制到民主，从人治到法治，从主权沦丧到国家独立。

4.（3）主要史实：废止缠足；改革传统婚姻制度；提倡新道德，反对旧道德。

辩证解读：武则天虽有皇帝之尊，却受制于“家天下”政治制度；妇女贞节虽被视为道德标准，但妇女身心遭到极大摧残；五四运动前后，妇女解放和男女平等观念有所体现，但女性的社会地位仍不高。

5. 解析：生态史观强调从人类与环境协调发展的角度分析历史问题。环境问题现在已成为全球性问题，20世纪90年代以来的全球合作，有利于推动各国政治、经济、科技的交流与协商，从而有利于解决环境问题。

答案：历史条件：经济全球化加强了各国之间的联系；科技的发展为共同解决环境问题提供了物质条件和技术条件；世界政治的多极化有利于各国协商解决环境问题。

6. 解析：本题围绕的核心是“1750—1850年是西方文明突飞猛进的重要阶段”，提示我们首先运用文明史观解读材料。从政治、经济、文化等方面进行分析概括。同时，答题要求从经济、政治、文化、社会、生态“五位一体”的角度概括这一阶段西方历史发展的特征，又涉及运用社会史观和生态史观分析历史发展的特征。结合材料一和材料二，又明显体现出对唯物史观和近代化史观的运用。本题为对多种史观综合运用能力的考查。

答案：

经济（文明史观）	生产力极大提高（唯物史观）
政治（文明史观）	资产阶级革命爆发，西方民主政治开始确立（近代化史观）；马克思主义诞生；开创无产阶级革命新时代（唯物史观）
文化（文明史观）	理性与自由平等思想发展；浪漫主义和现实主义兴起
社会	城市化加快；无产阶级开始显示伟大力量
生态	生态环境遭到破坏（生态史观）